희망찬 삶을 위해
브라보! 브라보! 브라보!
젊은이들이여, 만나 보시라.
이 진정한 승리자를!

뉴스타트 센터 이상구 박사

난 그저 잘 살고 싶었을 뿐인데

난 그저 잘 살고 싶었을 뿐인데

베프북스
Best Friend Books

신이 주는 힌트를 발견하는 자

내가 태어나고 일주일이 채 되지 않았을 때의 일이다. 이웃 할머니께서 갓 태어난 나를 보러 집에 놀러 오셨는데 깜짝 놀라며 내 목을 가리켰단다.

"여기 목에 볼록한 게 보이는데요? 이거 그냥 두면 안 돼요. 꼭 병원에 가 봐요!"

엄마는 볼록 튀어나온 게 이상 증후인지 전혀 몰랐단다. 혹시나 하는 마음에 대학병원으로 달려갔고, '사경'이라는 진단을 받았다. 사경은 신생아의 약 1%에서 생기는 질환인데 무엇보다 조기 발견이 중요하다. 치료 시기를 놓치면 사시가 동반되거나 척추측만증 등 커 가면서 많은 문제가 발생할 수 있다.

깜짝 놀란 엄마는 나를 병원에 데리고 다니며 치료했지만 마음처럼 빨리 호전되지 않았다.

어느 날, 한 스님이 우리 집을 방문했고 엄마는 나의 목 상태를 보여주며 걱정이라고 했다. 그러자 스님이 조언했다.

"혹이 난 부분에 엄마의 침을 묻혀서 계속 문질러 주세요."

근심이 깊었던 엄마는 지푸라기라도 잡는 심정으로 스님의 조언을 바로 실천했다. 엄마의 표현을 빌리자면 '마법에 걸린 것처럼' 새벽에 눈을 뜨자마자 혹에 침을 발라 계속 문질러 주는 행위를 몇 달 동안 반복했단다. 이 방법이 나를 꼭 낫게 할 거라 믿었고, 신에게도 빌었다. 제발 소중한 내 딸이 낫게 해달라고.

엄마는 그때의 일을 상기시키며 말했다.

"신기하게도 어느 날 볼록 튀어나온 게 다 가라앉고 없어진 거야. 아무래도 신이 스님을 통해서 방법을 전해 준 게 아닌가 몰라. 그런데 나도 참 웃기지. 그 말을 곧이곧대로 믿고 몇 달을 그렇게 문질렀으니 말이야."

나는 이 이야기가 세상에 기적이 일어나는 과정이 함축된 형태라는 생각이 들었다. 믿음과 사랑이 혼합된 디즈니 영화에나 나올 법한 이야기가 실제로 나에게도 일어났으니 말이다.

인생에는 변수가 있다는 걸 항상 잊고 산다. 건강하게 태어난 아기가 병에 걸릴 수도 있고, 내일도 오늘과 같을 거라는 막연한 생각과는 달리 예고도 없이 불행은 우리를 찾아온다. 내 꿈을 펼치리라 단언하며 퇴사했고, 꿈을 이루기 위해 몇 년을 고군분투했다. 어떻게 하면 빨리 성공할 수 있을까 누구보다 더 치열하게 고민했다. 그러나 그렇게 매일을 열심히 산 나에게 찾아온 건 달콤한 보상이 아닌 죽고 싶을 만큼의 고통이었다.

그렇게 큰 고통을 겪고 나서야, 내가 살아온 삶이 결코 옳은 게 아니었음을 깨달았다. 그리고 비슷한 시기에 아빠의 병은 심각해졌고, 어릴 적 꾹꾹 누르며 외면했던 문제들이 내 나이 스물아홉이 되어 수면 위로 서서히 올라왔다. 나에게 닥친 여러 고통들을 통해 나는 인생을 사는 법을 다시 배웠다. 드디어 인생의 진리를 찾았고, 내가 무엇을 원하는지 알게 되었다.

나는 이제껏 신의 목소리를 들을 수 있는 사람은 정해져 있다고 믿었다. 타고난 몇몇 소수의 사람 아니면 신부님이나 목사님이 그 역할을 한다고 말이다. 그러나 우리가 간과하고 있는 진실이 하나 있다. 신은 끊임없이 우리에게 직접 말을 걸었다는 것이다. 양심을 통해서, 감정을 통해서 올바른 방향으로 이끌어 주었다.

내가 이 길을 원하는 게 맞는지, 진짜 제대로 된 진실을 믿고 있는지, 내가 이 일을 하는 게 맞는지 등등 삶에서 궁금한 점들이 한두 가지가 아닐 때, 우리는 누군가를 통해서가 아닌 스스로 신의 목소리를 들을 줄 알아야 한다. 신은 계속해서 우리에게 대답을 주고 있으니 말이다. 우리가 해야 할 일은 신이 들려 주는 이야기들을 계속해서 발견하고 올바르게 선택해서 내 삶에 적용해야 한다.

절망에 빠질 때, 남들은 승승장구하는 것 같은데 나만 뒤처진다는 생각이 들 때, 일이 잘 풀리지 않을 때, 내 인생은 왜 이런가 생각하며 머리를 쥐어뜯어도 해답이 떠오르지 않을 때, 나는 그 답을 찾기 위한 여정을 떠났다. 그리고 신은 나를 위해 인생 곳곳에서 삶의 힌트들을 따뜻한 방법으로 보여주었다. 당신이 이제껏 그 힌트들을 못 봤다면 관심이 없었거나 알고도 외면했을 가능성이 크다.

나는 1년 동안 길 위에서 그 힌트들을 발견하고 성장했다. 그 힌트들이 가리키는 것은 단 하나였다. 그리고 여기 그 이야기들을, 숨기고 싶은 이야기들까지 모두 다 펼쳐 놓았다. 믿기지 않을 이야기들도 있다. 그러나 실제 일어난 일이고, 이 이야기를 여러 번 반복해서 읽고 그것을 믿기 시작하면 당신의 삶도 바뀔 것이다.

우리는 무언가를 이루기 위해 존재하는 것이 아니다. 살아가는 동안 계획하지 않았던 일들을 마주해도 다시 힘을 내고 즐겁게 살아가기 위함이다. 욕심을 내려놓고 이 마음을 품고 살아간다면 내가 사는 세상이 한층 더 아름다워 보일 거라 믿는다. 이 책을 읽는 모든 이들이 신이 주는 힌트를 찾길 바란다.

차 례

Chapter 2
생기가 필요하다

Chapter 3
사랑을 선택하다

Chapter 4
신은 언제나 답을 준다

Chapter 5
좋은 일만 가득할 거야

Chapter 1
내 인생, 왜 이래?

불과 토양을
만날 운명

⌣

"사주 보러 갈래?"

가깝게 지내던 친한 언니가 지인이 사주를 아주 잘 본다며 같이 만나자고 했다. 평소 친구들과 사주를 몇 번 보긴 했는데 역술가의 말을 들을 때면 이미 나도 잘 알고 있는 성격 맞추기 게임 같아서 한 시간만 지나도 무슨 말을 들었는지 까먹었던 터라 기대는 접어둔 지 오래였다.

'요즘 일이 잘 안 풀리는 것 같긴 한데… 한번 가 볼까?'

카페에서 만난 그분의 외모는 평범했다. 신기가 있는 사람은 아니었지만 사람들의 이야기를 잘 들어주고, 자신의 사주해석 방법으로 잘 풀이해서 삶의 방향까지 제시해 주는 사람이었다. 상담을 받으면 이혼할 뻔했던 부부도 금슬 좋게 만들어 주고, 진로를 고민하던 청년에게는 앞으로 나아가야 할 방향을 명확히 짚어 주는 뛰어난 자질을 갖춘 분이었다. 이러한 약력에 나도 기대를 했다.

"생년월일 좀 불러주세요."

그분은 내 정보를 빤히 보다가 뭔가를 찾아보더니 종이에 한자들을 마구 쓰셨다. 아는 한자들이긴 했지만 그것들이 뜻하는 바는 해석할 수 없었다. 그분은 오행인 목화토금수를 적으며 확인하고 있었다. 나는 남은 음료를 빨대로 홀짝이며 그분의 입이 열리기를 기다렸다.

"아주 크고 풍성한 나무네요."

'내가 나무라 뚝심이 있긴 하지.'

"역마살이 있어요. 근데 걱정 마요. 요즘에는 이게 좋은 의미니까. 외국을 많이 다니게 될 거예요."

그렇긴 하다. 항상 다른 나라에 가서 새로운 걸 접하는 게 좋았고 이미 상해에서도 살다 왔다. 평생 한국에서 살 생각은 없다.

"금이 엄청 많아요. 좋은 금들이라 역마살이랑 같이 봤을 때 외교관을 했으면 날고뛰었을 팔자네요."

외교관, 한때 꿈꾸었다.

"근데 문제는… 토양이 하나도 없어요. 그래서 마음이 한 군데 정착하지 못하고 계속 여기저기 맴도는 거야."

내가 한 가지 일에 정착하지 못하고 이것저것 많이 하고 있는 게 사주에 나와 있단 말인가?

"그리고 또 하나 중요한 것. 금이 너무 돌덩이야. 금은 그 자체로 꽁꽁 싸매고 있으면 가치가 없어요. 이 금을 가공해서 목걸이든 반지든 만들어야 하는데 그걸 가공할 불이 없어."

뭐지? 이 기분. 내가 그동안 생각하며 끙끙 앓았던 문제들을 콕콕 짚어내는 이 느낌!

"민지 씨는 딱 이 두 가지를 가진 사람을 만나. 자신이 가진 금을 가공해 줄 수 있는 '불'과 큰 나무가 단단하게 서 있을 수 있는 '넓은 토양'. 좋은 능력은 타고났는데 혼자 꽁꽁 싸매고 있으니까 발휘가 안 돼. 결국 그런 사람을 만나야 팔자가 필 거야."

반대로 내 옆의 언니는 토양이 너무나 차고 넘쳤다. 그런데 나무들이 너무 작아서 크려고 하면 자꾸 누군가 꺾어 간다고 한다. 언니는 자신을 든든하게 지켜줄 수 있는 큰 나무가 필요했고, 나는 언니의 많은 토지가 필요했다. 어쩐지 언니는 평소 나에게 많은 일감을 물어다 주었다.

그분은 마지막으로 이렇게 말했다.

"그래도 올해 문서운은 있네. 올해 기운이 좋아."

그날 밤, 나는 많은 생각을 했다. 평소 나는 열심히 노력했지만 항상 제자리걸음 같았다. 누군가는 좋은 학교에 입학해 보고, 좋은 회사에 취업도 해 보고 책도 쓰고 유튜브도 하고, 어린 나이에 이것저것 다 해 봤으면서 뭐가 제자리걸음이냐고 말할 수도 있다. 그런데 내가 생각한 그림은 이보다 더 큰 무언가를 하는 사람이었다. 욕심이라고 할지라도 내 마음은 어딘가 모르게 답답했다. 곁에서 늘 나를 지켜봐 온 엄마도 매번 노력하지만 큰 성과는 보이지 않고 시급도 얼마 못 받는 학원강사를 하며 지내는 나에게 이렇게 말하곤 했다.

"우리 공주는 능력은 많은데 왜 확 안 뜰까? 엄마가 인맥이 너무 없어서 그런가?"

"에이, 엄마! 요즘에는 인맥보다는 각자의 능력이야."

그런데 내가 틀렸을 수도 있겠다는 생각이 들었다. 나보다 덜 뛰어

식물은 집안 인테리어에 중심적인 구실을 합니다. 현관에 관엽식물이나 꽃을 놓아 두면 전체적인 운을 상승시키는 효과를 누릴 수 있어요. 생화가 제일 좋지만, 금세 시들어 버리고 계절에 따라 바꿔 줘야 하므로 유지하는 데 비용이 발생할 수 있어요. 그래서 가장 쉽게 대체할 수 있는 것이 관엽식물이지요. 관엽식물은 관리가 쉬울 뿐만 아니라 집안의 나쁜 공기까지 정화시켜 준다죠.

나도 누군가의 도움으로 쭉쭉 올라가는 사람도 많은데 나는 이제껏 내 능력을 키우는 데만 더 힘썼던 것이다.

그동안 간과한 것들이 있었나? 내 길을 찾겠다고 여기저기 기웃거렸지만 뭔가 제대로 해낸 것이 없다는 생각이 자꾸 들었다.

'내년이면 벌써 서른인데….'

서른 살에는 대단한 인물이 되어 있을 줄 알았다. 그런데 지금 내 꼴이 어떤가? 믿지도 않았던 사주나 보러 다니는 꼴이라니!

'이렇게 살려고 그 좋은 직장을 때려친 건 아니잖아.'

나는 벌떡 일어나 앉았다. 이렇게 살다가는 인생에 큰 이변 없이 무난한 삶 그대로 지속될 듯했다.

'나도 사람을 만나야겠어. 내 능력을 이끌어 줄 수 있는 누군가를…. 그 누군가가 누가 될지 모르지만 이제 사람 만나는 걸 마다하지 않겠어.'

이상과 현실의
괴리감

⌣

　오랫동안 유튜브를 해 오고 있던 터라 지인에게 학원 강의를 제의
받았다. 나름 재미도 있을 것 같았고 당장의 생계수단이 필요했기에
수락을 했다. 새로운 사람들을 1개월마다 만나기 때문에 사람을 많이
만나기에는 딱이었다.

　학원에서 세 달 치 커리큘럼을 전해 받은 날, 조금 놀랐다. 한 달
간격으로 새로운 수강생을 모집하는 줄 알았는데 세 달이라는 기간
동안, 그것도 일주일에 5일 두 시간씩 수업을 해야 한다는 걸 뒤늦게
야 알았다.

　'유튜브를 세 달씩이나 가르칠 게 뭐가 있나? 그것도 매일을?'

　가르치는 일이지만 달리 생각하면 서비스직 같았다. 수강생의 기분
을 맞춰야 하고, 개인의 고민까지 다 들어 줘야 했다. 그래도 불만 없
이 여기저기 잘 맞춰 곧잘 해나갔다. 그런데 가끔 이해할 수 없는 일
들이 일어나곤 했다.

영상 편집 기술을 배우러 고등학생들도 많이 온다. 그 학생들의 대부분은 공부에 큰 흥미가 없다. 그들은 진로희망으로 요즘 유행하는 틱톡 스타로 인플루언서 활동을 하면서 유튜브도 같이 운영하고 싶어서거나 게임을 좋아해서 게임 유튜버를 꿈꾸며 온다. 부모님들은 걱정이 이만저만이 아니다. 자식이 배우고 싶어 해서 어쩔 수 없이 수강신청은 해주지만 간간이 대학에 갈 수 있게 해달라고 부탁하신다. 그러나 이런 학생들의 대부분은 뭔가를 할 시간을 줘도 안 하고 인터넷 서핑을 하고 있다. 어른들도 같이 배우는 자리라 학교 선생님처럼 학생에게 잔소리를 하기도 애매한 상황이다.

중학교 교사로 일하고 있는 친구에게 이런 고민을 이야기하니 깜짝 놀랄 만한 이야기를 해주었다. 국어 선생님인 친구는 수업시간에 학생들에게 자신들이 쓴 글을 읽어 보라고 했다. 먼저 발표하겠다고 손을 드는 학생이 단 한 명도 없자 친구는 임의로 한 학생을 골라 발표를 시켰다. 이어지는 친구의 말을 끊고 나는 흥분해서 이야기했다.

"우리는 선생님이 시키면 무조건 했어!"

친구도 당연히 그럴 거라 생각했단다. 그런데 지목을 받은 학생이 내뱉은 말에 친구는 얼굴이 붉어졌다.

"쓴 거 읽기 싫은데요. 꼭 읽어야 해요?"

친구는 당황했다. 이런 적이 한 번도 없었기 때문이다. 민망함을 감추고 다른 학생에게 기회를 주었다. 그런데 앞에서 말한 학생의 발언이 다른 학생들에게 영향을 미쳤고, 그 학생의 반응도 마찬가지였다.

"그냥 발표 같은 거 안 하고 수업만 들으면 안 돼요?"

과연 이 아이들이 솔직한 걸까, 의욕이 없는 걸까?

나도 비슷한 경험을 했다. 유튜브 강의 첫 시간에는 어떤 콘텐츠를 만들고 싶은지를 발표하는 시간을 갖는다. 온라인 수업이라면 그런 시간이 없겠지만 오프라인 수업이었고, 사람들과의 의사소통이 수업 분위기에 큰 영향을 끼친다. 그래서 자연스럽게 그 분위기를 조성하고자 만든 시간이었다. 자신의 이야기를 하고, 들어주는 사람이 있고 그에 반응하는 피드백 등등 모든 것들이 유튜브 채널을 운영하는 데 금 같은 시간이다.

그러나 끄적끄적 쓰는 사람은 있어도 자신의 이야기를 말하고 싶어 하지는 않는다. 한두 명이 거부하면 다른 수강생들은 굳이 눈에 띄고 싶지 않아 다들 눈을 돌린다. 내가 생각한 대로 수업이 진행되지 않고 결국, 내가 사람들이 쓴 글을 읽고 되물어 보는 식으로 이루어진다. 심지어 그 글의 당사자가 아니면 대부분 휴대폰을 보고 있다. 어떤 분은 수업이 끝나고 이런 수업이 싫으니 발표는 시키지 말아 달라고 항의까지 한다.

유튜브 수업은 특정한 연령대가 없다. 많은 사람들이 관심 있어 하는 분야인 만큼 10대부터 60대까지 연령층도 다양하다. 그 다양한 연령대의 사람들을 한 반에 모아 놓기 때문에 어디에 중점을 둬야 할지 몰라 그만큼 가르치기가 힘들다. 컴퓨터를 습득하는 수준도 저마다 다르기에 젊은이들은 나이 드신 분들이 답답하고 나이 드신 분들은 수업 진도가 빠르다며 불만이다.

"제발 진도 좀 천천히 나갑시다!"

학생들 앞에서 나를 혼내는 할아버지 수강생을 감내했다. 오자마자 귀에 이어폰을 꽂고 시간만 때우는 학생들을 무시하려 애썼다. 아무리 자기 돈을 내고 듣는 수업이라지만 개인의 주장이 심한 사람들을 보며 나는 점차 가르치고자 하는 의욕을 잃어 갔다.

기대도 상대를
봐 가면서

⌣

    그럼에도 불구하고 나는 '그래, 이건 일일 뿐이야.'라고 마음을 다 잡으며 개인적인 일과 학원 일을 병행해 갔다. 비록 지금은 용돈벌이밖에 못 하고 있지만 나의 하루 일정은 그 누구보다도 빡빡했다. 아침에는 글을 쓰고, 오후에는 유튜브 영상 준비와 편집을 하고, 밤에는 학원 강의를 했다. 아침 9시부터 밤 10시까지 쉼 없이 달렸다. 누가 보면 수입도 별로 없는 일을 미련하게 붙잡고 있느냐고 분명 말했을 것이다.

    문자가 왔다.

    월드비전 30,000원 후원.

    3년 전, 매달 꼬박꼬박 월급이 들어왔을 때 나는 좋은 일을 하고 싶은 마음에 아동을 돕는 후원금을 신청했다. 월급 200만 원에 3만 원쯤은 아무것도 아니라고 생각하며 기쁜 마음으로 자동이체를 신청한 것이다. 그런데 지금, 나는 그 문자가 야속하다. 한 달 아르바이트비로 생활하다 보니 3만 원은 큰 비율이었다. 비율을 따지고 있는, 이런 마음을 품은 나에게도 화가 났다.

'좋은 마음으로 시작했잖아. 이 정도 낼 능력도 없으면 안 되는 거 아니야?'

그런데 얼마 남았는지 들여다볼 때마다 통장 잔고는 이렇게 속삭였다.

'너 정말 능력이 돼?'

열심히 뭔가를 해 보려고 해도 제자리걸음 같았다.

유학을 다녀왔으면 좀 달랐을까?

전문직을 택했다면 달랐을까?

그때 대학원을 졸업해서 석사학위 정도 있었으면 어땠을까?

퇴사를 안 했으면 이런 걱정도 안 했겠지?

이런 생각들이 꼬리를 물기 시작하면 후회할 일은 한도 끝도 없이 내 머릿속을 헤집는다. 나의 기대는 저만치 높이 있는데 현실은 학원에서 어르신에게 네이버 아이디 찾는 법을 가르쳐 주고도 혼나고 있다.

그렇게 점점 돈벌이로 스트레스를 받고 있을 때, 잠깐 알고 지냈던 지인에게서 연락이 왔다. 창업을 하려고 이곳저곳 많이 돌아다닐 때 같은 대구 지역에서 유튜브를 했던 사람이다. 그와 인터뷰를 했을 때, 유튜브를 하는 입장에서 고민도 공유하면서 사담을 나누던 도중, 돈 이야기가 나왔다. 돈을 벌고 싶어서 유튜브를 한다는 그 사람의 말에 당연히 누구나 돈을 벌고 싶어 한다는 생각은 했지만 돈의 결핍에 대해 이야기하며 초조해하는 그의 모습에 '돈이 많이 급한 사람이구나.' 정도로만 생각했다. 그렇게 인터뷰는 끝이 났고, 한동안은 연락 없이 지내고 있었다. 그런데 지금 그 사람은 MCN이라는 곳에 소속되어 있었다. MCN은 연예인 기획사처럼 크리에이터들이 모여 있는 곳인데, 지방에 이런 역할을 하는 회사가 있을 거라고는 생각도 못 했다.

"저희 회사에서 영상 편집할 사람을 구하고 있는데 혹시 생각 있으세요?"

나는 긴 시간 동안 묶여 있어야 하는 영상 편집 일을 하고 싶지 않았다. 오랜 시간 한 곳에 앉아 컴퓨터 화면만 보는 일상을 탈피하기 위해 퇴사했는데 그와 비슷한 패턴의 일을 한다는 건 말이 안 되었다. 그래서 솔직하게 이야기하고 정중히 거절했다.

"제가 다른 분 유튜브 편집 일까지 할 시간은 안 돼서요."

그러나 그 사람은 끈질기게 사장님이 뵙고 싶어 하니 일단 사무실이라도 한 번만 와 달라고 부탁했다.

아이쿠야, 예의를 차리러 간 내 잘못이다. 몇 달 전에 봤던 그 사람의 인상은 확연히 달라져 있었다. 손님의 입장으로 들른 나를 보고도 그는 통화를 끊지 않았다. 그리고 TV를 틀어 놓고 보고 있으라면서 혼자만의 즐거운 통화를 계속 이어갔다. 그는 분명 나에게 부탁을 하던 입장이었는데 사무실에서는 면접관이 된 듯 행세했다. 20분이 넘는 통화를 마친 그는 유튜브 영상 하나를 보여주면서 말했다.

"이거 제가 만든 건데 편집 이렇게까지 할 수 있어요?"

몇 달 전까지만 해도 그는 갓 전역 후 유튜브를 시작한 상태였고, 유튜브 구독자와 수입을 걱정하고 있었다. 그런 그가 '과장'이라고 적힌 명찰을 달고 다리를 꼬고 기대앉아 사람을 평가하고 있는 모습을 보고 있자니, 남루하기 짝이 없었다.

'스스로 뭐라도 된다고 생각하는 건가?'

그는 끊임없이 자신이 얼마나 많이 버는지를 자랑했고, 보는 영상마다 질문을 던지면서 나를 테스트했다. 그저 가만히 앉아서 이런 말을 듣고 있는 나는 지금 무엇을 하고 있는 것인가?

나를 보고 싶어 한다던 사장님도 약속 시간이 두 시간이나 지나서야 사무실에 도착했고, 그렇게 총 다섯 시간 동안 의미 없는 이야기들이 이어졌다. 문득, 예전 회사가 너무 그리웠다. 일처리도 똑 부러진 건 물론 자상했던 실장님과 대리님들의 얼굴이 스쳐 지나갔다.

'몰랐는데, 참 좋은 곳이었구나…'

마지막으로 지인은 물었다.

"영상편집 진짜 같이 해 볼 생각 없어요? 사실 몇 달 전에 봤을 때는 그냥 여자라는 이유로 여캠을 하는구나 정도로 생각했는데, 지금 보니까 아닌 것 같더라고요."

내 첫인상이 어땠는지는 모르지만 '여캠'이라는 한 단어로 느낄 수 있었다. 그는 나를 조금 반반해 보이는 얼굴로 사람을 모으는 그런 사람 취급을 하고 있었던 것이다. 돌아가는 상황을 보니 이곳에 다니다가는 스트레스로 내가 나를 죽이는 꼴이 될 것 같았다. 나는 단 1초의 고민도 없이 말했다.

"저 정말 시간이 없어서요. 이 일은 못 하겠어요."

그러자 그 사람은 기어코 자신의 인성을 드러내고야 말았다.

"요즘 강의밖에 안 하잖아요? 그렇게 시간이 없나? 기분 나쁘게 듣지 마요. 한마디만 할게요."

저 입에서 또 어떤 상식을 뛰어넘는 말이 나올까를 생각하니 미간이 절로 찡그려졌다.

"그래서 한 달에 얼마나 벌어요?"

나는 속으로 '오 마이 갓!'을 외쳤다. 결핍으로 가득한 자의 헛소리로 귀가 더럽혀졌다. 이 말은 '얼마 버는 것 같지도 않은데 왜 내가 주려는 일 안 하니?'라며 나를 한없이 깔보는 게 분명했다. 몇 시간 전부터 자신이 얼마를 벌 것 같냐며, 끊임없이 질문을 해대고 으스대던 모습에 헛구역질이 났다.

명예를 중요시하며 살던 나는 살면서 이렇게 무례한 사람을 만난적이 없었다. 온몸이 부들부들 떨렸다. 받아치고 싶은 말은 많은데 내뱉으려니 머릿속에서 정리가 안 됐고, 여러 사람이 있는 사무실에서 나를 그렇게 대놓고 무시하는 행동에 그저 이 진흙탕 같은 악마의 소굴에서 벗어나야겠다는 생각뿐이었다.

"저기요, 내가 이 일을 안 한다고 해서 그쪽이 나를 그런 식으로 폄하할 권리는 없지 않나요?"

사람을 돈의 가치로 재고, 자신은 합당하고 현실적이라면서 다른사람이 중요하게 생각하는 가치는 똥으로 보는 사람들을 혐오한다. 나는 그 자리를 박차고 나왔다.

다음 날, 사장님에게 연락이 왔다. 직원의 태도에 대신 사과하는 장문의 메시지였다. 그런데 왜 그 문장들 속에 상처받은 나는 없고 그 행동을 합리화하고 감싸는 직원에 대한 변명만 있을까.

MCN이라고 해서, 나름 유명인이 대표라고 해서 살짝 기대는 했다. 그런데 그런 나의 기대가 산산조각 났다. 혹시나 괜찮은 사람을 만나 더 좋은 곳으로 갈 수 있지 않을까, 잠시나마 희망을 꿈꾸던 내가 한심했다.

이제껏 사람들을 만나지 않고 혼자 노력해 온 이유가 이런 이유들 때문이었다. 다른 사람이 나의 능력을 과소평가하는 꼴은 죽어도 보고 싶지 않았다. 내가 아직 실력이 부족해서 이런 곳에서밖에 부르지 않는 것일까?

불과 토양을 가진 사람은 언제쯤이면 만날 수 있는 것일까?

신이 내민
첫 번째 손길

⌣

첫 에세이 발간 후 사람들이 조심스럽게 물었다.

"아버지는 잘 계세요?"

아빠가 병원을 찾았을 때는 이미 온몸 구석구석에 암이 퍼져 있었고, 폐암 4기 진단을 받았다. 살날이 6개월이 채 안 된다고 말했던 의사의 말과 달리 다행히 몸에 잘 맞는 표적 항암제를 찾았고, 수술 없이 약만으로도 암세포가 극적으로 줄어들었다. 그렇게 아빠는 몸에 힘이 없다는 것 빼고는 큰 아픔 없이 일상생활을 하며 잘 지냈다. 또한 우리 가족은 큰 시름에서 빠져나왔다고 생각하며 '투병'이라는 글자를 붙이기 민망할 정도로 암진단 3개월 안에 마음 편히 각자의 일상으로 돌아갔다.

그런데 2년이 지난 후, 우리 가족에게 또 다른 시련이 찾아왔다. 아빠가 복용하던 약에 내성이 생긴 것이다. 의사가 경고하긴 했었지만, 한동안 아무런 이상이 없었기에 이렇게 별 이상 없이 쭉 살 거라 착각했었다.

엄마와 아빠는 풀이 죽은 채로 집에 돌아왔고, 한사코 미뤘던 항암 치료를 시작하자는 의사 말에 이제는 정말 다른 방법이 없음을 받아 들인 듯 보였다. 항암치료를 받는 사람들을 떠올렸다. 나아지기 위해 받는 치료인데도 불구하고 사람들은 건강해지기보다는 온몸이 바싹 탄 모습으로 힘이 없어 보였다. 그렇게 재발하면 항암을 하고 또 재발 하면 항암을 하다가 너무 힘든 나머지 이를 못 견뎌 생을 마감하는 전 과정이 머릿속에 그려졌다.

혼란스러운 상태에서도 학원에 강의를 나갔다. 직장인이라면 누 구나 공감할 것이다. 집안에 어떤 일이 있든 밖에서는 티를 낼 수 없 다. 아무 일 없다는 듯 웃으며 강의를 해야 했다. 그런데, 생각지도 못 한 일이 일어났다.

새로운 기수의 수업을 개강한 날이었다. 나는 여느 때와 마찬가지 로 첫 수업을 시작했다. 사람들에게 의욕을 불어넣으며 강의를 하고 있던 중, 나이가 지긋한 분이 늦게야 강의실에 들어오셨다. 그분은 컴 퓨터 켜는 것부터 헤매고 계셨다. 잠시 개인 작업 시간을 가질 때 그 분께 살며시 다가갔다.

"선생님, 혹시 어떤 종류의 콘텐츠를 하고 싶으세요?"

기록부에서 살짝 본 그분의 나이는 내년이면 70세였다. 실제로 눈 앞에서 본 그분은 나이에 비해 총기 있는 눈동자를 가지고 계셨는데, 또랑또랑한 눈빛으로 나를 바라보며 말씀하셨다.

"제가 네이버 밴드를 하나 운영하고 있어요. 들어오는 사람이 엄청 많아요. 가입자 수가 3,000명이 넘는데 글도 매일매일 올리고 있거든요. 제가 유튜브를 시작하면 아마 대박 날 걸요? 허허허."

그렇게 자신감 넘치게 활짝 웃으시면서 네이버를 열고, 검색창에 한 글자씩 독수리 타법으로 타자를 치셨다.

'암극복이야기'.

"제가 항암치료를 해도 암이 재발하고 또 재발해서 이제 거의 못 산다는 얘기를 들었던 사람인데 지금은 암세포 하나 없이 말끔하게 나았어요. 암이 흔적도 없이 사라져 버렸다니까요? 이제는 그 방법들을 사람들에게 전파하러 다니고 있어요."

살면서 이런 우연이 몇 번이나 일어날까? 어떻게 이런 분이 시기에 맞게 내 앞에 딱 나타난 걸까? 가끔 책을 보면 우연히 자신에게 필요한 사람이나 정보들이 필요한 순간에 찾아왔다는 내용을 읽은 적이 있다. 그런데 그런 일이 실제로 나에게 일어나다니! 심장이 요동쳤다.

어르신이 자랑스레 보여준 1년 전 고통받았던 시절의 미이라 같은 모습과 현재의 모습을 비교하면 가히 기적이라고 할 만했다. 검게 변한 몸에 온갖 병원 기구들이 붙어 있는 건 물론, 희망이라곤 없어 보이는 표정으로 누워 있던 사람이 유튜브를 배우려고 눈을 말똥하게 뜨고 내 앞에 앉아 있다. 수강생 중 어느 누구보다 생기 있어 보이고 힘이 넘친다.

나는 도움을 요청하고 싶었다. 제발 우리 가족을 구해 달라고!

'수업 끝난 뒤 따로 말씀드려야겠다.'

학생들이 떠나고 강의장을 정리하고 가방을 챙기는데 어르신이 나를 불렀다.

"선생님, 집까지 태워 드릴게요. 같이 갑시다."

젊은 학생들과 달리 어르신이 계시면 얼음 같은 강의장 분위기가 좀 더 푸근해지기도 한다. 호의를 거절하는 성격이 아니기에 조수석에 앉아 혼자 살고 계시는 어르신의 말동무가 되어 드렸다. 어르신은 자신의 이야기를 쏟아냈다.

"좀 더 풍요롭게 살고자 해서 벌인 사업들인데 줄줄이 실패하고 빚만 쌓였어요."

어르신은 다시 재기하려고 마음먹었지만 어느 날 말기 직장암이라는 말을 듣게 되었다. 그 후로 쭉 병원 신세를 졌고, 나아지기는커녕 암은 계속 번져 장기의 여기저기를 잘라내야 했다. 그렇게 어르신은 밥도 제대로 못 먹을 정도로 기력이 약해졌다.

"의사만 믿고 항암치료 하다가는 죽겠더라고요. 결국 내 몸은 내가 지켜야겠다는 걸 깨닫고 몸 공부를 시작했어요."

몸에 필요한 영양분을 분석하고, 면역력을 키우고 마라톤 대회도 나가면서 절망의 늪에 빠지기보다는 어떻게 해야 몸이 건강해지는지 자신의 몸으로 실험도 해 보면서 암을 치료했다. 어르신은 지금도 젊은이들도 못 따라할 만한 운동량을 소화해내고 있고, 수업시간에도 급하게 오는 전화를 받기 위해 밖으로 나가신다. 수업도 중요하지만 절박한 환자들의 이야기를 들어 주는 걸 더 우선으로 여기며 그들의 이야기에 진심으로 안타까워하신다.

"시중에 파는 비타민들 다 별 효과 없어요."

우리 몸에 부족한 영양소인 비타민을 많이 먹어야 하는데 시중에 파는 것들은 함량이 적거나 진짜배기가 아니라며 해외에서 파는 좋은 비타민 상품을 우리나라에 들여오기 위해 많은 의사 집단과 싸우

잘 자는 법 하나, 가벼운 산책

이른 저녁에 가벼운 운동이나 산책을 하면 숙면에 도움이 됩니다. 산책 후 스트
레칭을 해주고 가볍게 샤워까지 하면 금상첨화이지요. 과도한 운동은 각성 호
르몬인 코티솔을 분비해 깊은 잠에 들 수 없게 만들기 때문에 과격한 운동은 저
녁 식사 전에 하는 게 좋아요.

셨단다.

"예전에는 그렇게 노력해도 안 되던 사업이 지금은 어려움에 처한 사람들을 도우려고 시작해서인지 놀고 있을 때도 돈이 막 들어오네요."

식단을 조절했을 때보다 오히려 짜장면, 빵 등 암환자가 먹으면 안 좋다고 알려진 음식들을 가끔씩 먹었는데도 깨끗하게 나았다는 얘기가 가장 놀라웠다. 내 통념을 뒤엎는 현상이었기 때문이다.

"한 번씩 먹고 싶은 것도 먹으면서 기분이 좋아야 해요."

나는 살을 뺀 사람들을 존경한다. 식욕을 조절하고 운동을 해서 건강해지기까지 말 못 할 인내와 노력들에 대해 그 누구도 함부로 이야기하지 못할 것이다. 그런데 암을 극복한 사람이라니! 내게는 세상을 구한 아이언맨보다도 더 위대하게 느껴졌다.

한 달 뒤면 다시 서울로 올라가신다기에 그제서야 아빠의 상황을 말씀드렸다. 아빠는 곧장 어르신을 만났고, 예약이 잡혀 있던 항암치료도 다 취소했다. 항암치료는 암세포뿐만 아니라 정상세포도 모조리 죽여 스스로 면역을 책임지지 못하는 상태로 만들어 버린다는 걸 알게 되었기 때문이다. 만일 다른 사람의 행보를 몰랐다면, 의사가 해오던 그대로 믿고 따랐다면, 아빠는 지금 병실에 누워 다음 항암은 어떻게 견뎌야 할지 매일매일을 한숨으로 지샜을 것이다.

우리 가족은 그렇게 희망을 찾은 듯했다.

스물아홉,
터닝 포인트

⌣

아침 8시가 다 되어 가는 시간, 아랫배가 살살 아파 오는 통증에 눈을 떴다. 어찌된 영문인지 시간이 흐를수록 점점 더 심해지는 통증에 무의식적으로 일어나 화장실로 향했다. 잠이 깨자 배는 기다렸다는 듯이 미치게 아파 왔다. 생전에 겪어 본 적 없는 고통이었다. 도움을 청해야 했다. 일어설 수도 없는 몸을 질질 끌고 거실로 나가 엄마를 불렀다. 엄마가 화들짝 놀라며 달려오자마자 나는 기어들어가는 목소리로 말했다.

"엄마… 나 약 좀 사다 줘."

심각함을 느낀 엄마는 서둘러 약국으로 뛰어갔고, 나는 바닥에 누워 배를 움켜잡고 온몸에 잔뜩 힘을 준 채 누워 있었다. 지속적으로 느껴지는 고통은 끝날 기미가 안 보였다.

'그냥 이대로 죽었으면 좋겠다.'

그러면 이렇게 고통스럽지는 않을 것 같았다. 월경이 시작되고 이토록 아픈 건 처음이었다.

엄마가 사 온 진통제 두 알을 정신없이 입 안에 넣었다. 그렇게 10분쯤 지났을까. 서서히 통증이 가라앉더니 겨우 몸을 일으킬 정도가 되었다. 정신이 멀쩡해지고 난 뒤 나는 뭔가 크게 잘못되었다는 생각이 들었다. 30분 동안 지옥을 맛보는 사이, 내가 이제껏 꿈꾸던 것들이 얼마나 허황되고 욕심 가득한 생각이었는지를 깨달았다. 아픈 그 순간만큼은 돈, 명예, 성공들이 아무 의미가 없었다. 내가 하고 싶었던 일, 오랫동안 꿈꿔 왔던 것들이 저멀리 사라지고 그동안 욕심을 냈던 세상의 모든 것들이 더 이상 필요 없어졌다. 종교가 없는 나였지만, 배가 찢어지는 고통을 느낀 순간엔 자연스레 신을 찾았다.

"그냥 이 고통만 멈추게 해준다면 저는 다른 것 아무 것도 필요 없어요."

악마가 거래를 하자고 한다면 난 그 거래를 할 생각이었다. 나는 3,000원짜리 진통제의 힘으로 가까스로 살아난 물과 피로 채워진 연약한 인간일 뿐이니까.

대학병원을 예약했다. 이제는 가지 않으면 안 된다는 걸 직감했다. 항상 한쪽 구석에 신경 쓰이던 것이 있었기 때문이다.

'혹시 그것 때문일까?'

지금으로부터 딱 10년 전 일이다. 고등학교 2학년 가을, 수업 도중 배가 너무 아팠다. 당시에는 운동량이 많지 않아서, 배에 가스가 찬 거라 생각하고 소화제를 먹어 가며 고통이 지나가길 바랐다. 그런데 며칠이 지나도 통증은 가라앉지 않았고 결국 심한 통증 때문에 수업을 빼고 병원에 갔다. 병원을 가는 동안 뭔가 심상치 않은 일이라는 걸 느꼈다. 초음파 검사를 하며 배 속을 보던 의사는 큰 혹이 있다며 얼른 대학병원에 진료예약을 잡으라고 했다.

수능을 인생의 큰 결승점이라 생각하고 산 몇 년 동안 건강에 문제가 생길 거라고는 한 번도 생각해 본 적이 없었다. 아직 어리니까 당연히 내 몸이 잘 버텨 줄 거라 생각했다. 건강 때문에 중요한 수험생 시기를 병원에서 보내야 한다는 것은 예정에 없던 일이었다.

난소 양쪽에 큰 혹이 자리 잡고 있다는 걸 알았다. 인생의 첫 수술에 두려움보다는 우울함이 더 컸다. 공부하고 싶은 의욕도 없었고, 책을 펼치면 눈물이 앞을 가려 글을 읽을 수도 없었다.

'왜 이런 병이 생긴 걸까?'

결국 나는 대학병원에서 수술을 했다. 그 후로 남은 혹이 커지지 않기를 바라며 6개월마다 병원에 가서 정기검진을 받았고 매일 약을 복용하며 살았다. 그런데, 서울로 취직했던 시기에 왠지 모를 반항심이 생겼다.

'이렇게 병원에 다닌다고 혹이 사라지는 것도 아니고, 약 없다고 내가 죽는 것도 아닌데 약을 끊어 볼까?'

그렇게 의사와 상의도 없이 나는 약을 먹지 않았고, 상해로 파견을 떠나야 했기 때문에 자연스레 병원에도 가지 않았다. 그렇게 1년을 아프지 않은 상태로 재미있게 걱정 없이 지냈다. 그런데 한국에 오자마자 나는 아픈 배를 부여잡고 바닥에 엎어져 버렸다.

지금 나는 두려워했던 10년 전 그 진료대에 다시 누워 있다. 의사는 초음파를 보더니 한숨을 쉬었다.

"너무 크다. 한쪽은 13cm, 한쪽은 5cm네."

상황은 이미 심각해질 대로 심각해져 있었다. 어른 주먹만 한 크기의 혹이 내 작은 배 속을 온통 차지하고 있었고, 다른 장기를 압박할 정도였다. 수술은 불가피한 상황이었다. 나는 다시 고등학생으로 되돌아갔다. 그날은 처음 겪는 일에 심난해져 엄마와 병원 앞 식당에서 순두부찌개를 먹으며 하염없이 눈물을 흘렸다. 그래서 아직도 순두부찌개만 보면 그때가 생각난다.

"일단 3개월 약 먹으면서 크기를 좀 줄인 다음에 수술합시다."

한 번 겪은 아픔이라 그런지, 이번엔 무덤덤했다. 사실 증상은 전부터 있었다. 월경을 할 때면 아랫배는 심각한 통증의 연속이었다. 심지어 소변을 볼 때도 너무 아파 소리를 지를 때도 있었고, 급하게 화장실이 가고 싶어지거나 자려고 누우면 아랫배에 딱딱한 뭔가가 볼록 올라와 있었다.

'똥배인가? 요즘 너무 먹어서 살쪘나 봐.'

그 정도로만 생각했고, 한의원을 찾았다. 한 달 치 보약을 지어 먹기도 했지만 증상은 나아지지 않았다. 왜 그때 바로 병원에 가지 않았냐고 묻는다면 나도 내가 미련하다는 걸 잘 안다. 그냥 재발했다는 말을 듣는 게 무서웠다.

이제는 그냥 의아하다. 술담배도 하지 않고, 남들보다 외식도 덜 했고 집밥만 먹으며 살았는데 도대체 뭐가 문제여서 나에게 이런 일이 반복되는 걸까? 약을 끊은 게 문제일까? 그렇다면 나는 외국에서 사는 건 꿈도 못 꾸고 한국에서 병원만 왔다갔다하며 약에 의존한 채 살아야 하는 걸까?

"혹시 원인이 뭔가요?"

스트레스 신호가 켜질 때

하루에도 몇 번씩 목구멍을 넘나드는 이 단어. 만병의 근원이라는 끔찍한 수식어에 걸맞게 급체, 위경련, 장염, 빈혈 등 거의 모든 병에 빠지지 않고 등장하는 이 단어. 너무 익숙해서 그냥 너랑 내가 한몸인가 보다 하며 사이좋게 살아갈 마음을 먹게 되는 단어 스트레스. 제발 내 삶에서 사라져 주겠니? 최근 두 달 사이의 상태를 생각해 항목에 체크해 보세요. 체크된 항목이 많을수록 스트레스 정도는 심각하답니다.

☐ 한 달에 두 번 정도 심한 스트레스를 받는다고 느낀다.
☐ 주말 내내 휴식을 취해도 피로가 해소되지 않는다.
☐ 하루 종일 '운이 없다', '우울하다', '짜증난다'는 감정을 느낀 적이 있다.
☐ 최근 들어 성욕이 크게 떨어졌다.
☐ 살이 잘 찌는 편이다.
☐ 밀가루 음식이나 단 음식이 먹고 싶다.
☐ 기억력, 집중력이 떨어졌다.
☐ 평소 두통이 심하고 목, 어깨 등이 뭉치고 아프다.
☐ 소화가 잘 되지 않고 변비, 설사가 자주 발생한다.
☐ 몸살, 구내염 등이 자주 발생한다.

의사는 여러 가지가 될 수 있다고 했다.

"스트레스 때문일 수도 있고, 그로 인해 혈액순환이 안 돼서 또는 유전일 수도 있어요."

결국 원인은 모른다는 이야기였다. 엄마나 외할머니 중 아무도 이런 병을 가진 사람은 없다. 그럼 스트레스 때문인 건가?

입맛이 없는 건
삶에 활력을 잃은 걸지도

⌣

"넌 먹는 게 안 즐거워?"

무표정하게 밥알을 씹고 있는 나를 보며 친구가 말했다. 그 말에 고개를 들어 거울을 봤다. 정말 아무런 감흥 없이 입만 움직이고 있는 내 모습에 흠칫 놀랐다.

'맞아, 살면서 먹을 때 행복하다고 느낀 적이 있었나?'

나의 입맛이 뚝 떨어진 건 대학원에 입학해서 한 학기도 채 마치지 못하고 자퇴서를 제출했을 때였다. 그날 이후, 난 뭘 먹어도 시큰둥했다. 야식 1위라는 치킨을 먹어도 그저 그랬고, 스트레스 받을 때 최고라는 닭발을 먹어도 행복하지 않았다. 음식을 먹는다는 건 살기 위해 끼니를 챙기는 것 그 이상도 이하도 아니었다. 그러다 가끔 식욕이 돌 때가 있었다. 그럴 때는 끊임없이 새로운 음식을 찾았고, 먹어도 어딘가 허했다. 맛있는 걸 먹으면 기분이 좀 나을 줄 알았는데 그걸 기대한 내가 어리석었다는 걸 금세 깨닫고 만다.

영화 〈먹고 기도하고 사랑하라〉에서 줄리아 로버츠가 연기한 주인공 '리즈 길버트'가 꼭 나 같았다. 그녀는 미국에서의 삶에 알 수 없는 공허함을 느끼고 남편과 이혼한 뒤 친구에게 말한다.

"난 예전에 식욕과 의욕이 넘쳤거든. 근데 다 사라졌어. 다시 모든 열정을 회복하고 싶다."

소설이 원작인 이 영화는 많은 사람들의 공감을 받고 흥행했다. 아마도 대부분의 사람들이 하루하루를 살아가고 있지만 뭔지 모를 공허함을 느끼고 있다는 반증 아닐까. 그렇게 그녀가 자신을 찾기 위한 여정으로 가장 먼저 선택한 곳은 이탈리아다. 그녀는 이탈리아의 한 레스토랑에 앉아 스파게티를 주문한다. 기다리는 동안 주위의 아늑한 공간을 느끼고, 행복해 보이는 커플을 한참 바라본다. 그리고 스파게티가 나온다. 포크로 한가득 집어 입에 넣는다. 음식 맛을 느끼고 또 느끼며 온전히 스파게티를 먹는 데에만 집중한다. 점점 먹는다는 것에 큰 기쁨을 느끼고, 그렇게 그녀는 넘치는 식욕을 되찾는다. 그리고 유명한 피자가게에서 친구와 1인 1피자를 주문해 먹으며 말한다.

"사랑에 빠졌어. 피자 없인 못 살아."

'나도 음식을 저렇게 행복하게 먹을 날이 올까?'

친구가 했던 말이 귀에 맴돌았다.

"너처럼 맛없게 먹는 사람 처음 봤다."

그 말은 내가 행복해 보이지 않는다는 말이다.

'그래, 어쩌면 식욕을 잃은 건 삶에 대한 의욕을 잃은 것과 마찬가지일지도 몰라.'

열심히 노력하며 살았지만 결국 나 혼자 끙끙대며 애쓰는, 남는 건

영혼을 어루만지는 소울 푸드

짜증날 땐 짜장면 우울할 땐 울면 복잡할 땐 볶음밥 탕탕탕탕 탕수육. 노래처럼 그때
그때 기분에 맞춰 음식을 처방받을 수 있다면 얼마나 좋을까요? 실제로 음식이 감정에
영향을 미치기도 하는데요, 우울할 때는 무기력함을 떨쳐 주는 상큼한 음식이 좋고, 화가
날 땐 몸의 온도가 올라가기 때문에 몸을 차갑게 식혀 주는 음식이 좋다고 합니다. 그리
고 두려울 때는 몸의 온도가 내려가기 때문에 몸을 따뜻하게 해주는 음식이 좋다고 해요.

스트레스뿐인 인생을 살고 있었던 건 아닐까. 그 스트레스가 나를 집어삼키는 줄도 모르고 꿈을 이루겠다고 좇아 다닌 걸까.

성취감이 아닌 일상에서 재미를 느꼈던 게 언제였는지를 생각해봤다. 정말 너무 재미있어서 호탕하게 웃어 본 적이 최근에 있었나? 상해에서 한국으로 온 이후 오히려 웃음을 잃었다. 인생을 너무 진지하게 살았다. 어쩌면 나의 몸 상태가 이런 건 아무리 마음속 평화를 추구하려 애써도 무의식 깊은 곳에서 나를 방해하는 무언가가 있었을 것이다.

온갖 것에 심드렁했던 그녀가 이렇게 먹는 것에 참기쁨을 느끼게 된 건 이탈리아로 떠나 언어를 배우면서부터다. 그녀는 음식을 먹을 때 이탈리아 사람들이 말하는 소리와 행동을 그대로 따라했다. 그리고 그녀는 새로운 것을 배우는 기쁨을 맛있는 음식과 함께했다. 그렇게 그녀는 자신을 찾기 위해 1년이라는 시간 동안 이탈리아, 인도를 거쳐 발리에서 영적 수행을 마무리 짓는다.

'그래, 이거야. 나도 변화가 필요해!'

그리고 나는 무엇인가를 배우기 위해서는 이대로는 아무것도 변할 수 없다는 걸 알았다. 어딘가로 떠나야 했다.

우리는
도움이 필요했다

아빠는 항암치료를 거부하고 어르신이 알려준 대로 지냈다. 매일 아침 공원에 가서 운동장을 다섯 바퀴씩 뛰고, 산을 탔다. 매끼 잘 챙겨 먹으며 그분께서 알려 준 좋은 식품들과 비타민도 복용했다. 그리고 매주 병원에 가서 비타민 주사를 따로 맞았다. 우리 가족은 그 모습을 보며 '이대로면 우리 아빠도 나을 수 있겠지.'라는 희망을 가졌다.

그런데 두 달 뒤, 아빠는 걷다가 갑자기 걸음을 멈췄다. 잔뜩 찡그린 얼굴로 비틀거렸고, 정신을 못 차렸다. 어지럼 증세가 심해져 쓰러질 뻔한 아빠를 데리고 응급실로 갔다.

"암세포가 더 퍼졌네요."

항암치료를 거부하고 지낸 2개월 동안 암은 아빠 몸에 더 크게 자리잡았다. 절망스러웠다. 그분이 이야기해 준 방법 그대로 따랐고, 아빠가 스트레스 없이 지내게끔 생활했다. 아무 일도 못 하게 하고, 건강을 다시 되찾는 데만 온 신경을 쓰도록 했다. 그런데 왜 아빠는 그 어르신처럼 암이 낫지 않은 걸까?

　그분이 말씀하신 암 극복 방법에는 다섯 가지가 있었다. 그중 가장 중요한 것이 '믿음'이었다. 운동이나 식습관도 중요하지만 가장 강조한 건 '마음자세'였다. 이 방법대로라면 병이 무조건 나을 거라는 '믿음'이 받쳐 줘야 하는데 알고 보니, 아빠는 이 방법을 불신했다. 가족이 하라고 하니 해 봤던 것들이고 마음속 깊은 곳에서는 병원에서 항암으로 편하게 암을 치료하고 싶어 했다. 의사의 말을 안 듣고 이렇게 하고 있다는 사실 자체를 불안해했다. '설마 이 방법으로 낫겠어?' 하는 생각에 모든 효과들이 먹히지 않았을 것이다.

　아빠에게는 믿음을 채워 주는 게 우선이었다.

　『불행은 어떻게 질병으로 이어지는가』에 따르면, 사람들은 자신들이 병에 걸리는 이유로 운동 부족, 흡연, 짜고 기름진 음식 등 개인의 나쁜 생활 습관에서 찾는다. 그런데 아무리 흡연을 해도 폐가 건강한 사람이 있는 반면, 우리 아빠는 담배 한 대 안 피워 본 사람인데도 폐암에 걸렸다.

　이 책을 집필한 소아과 의사 네이딘 버크 해리스는 모든 병의 원인을 '어린 시절의 트라우마'라고 이야기한다. 어린 시절 부모님의 학대, 싸움, 이혼 등이 극심한 스트레스로 작용하고, 이런 어린 시절의 경험은 어른이 되어 암, 뇌졸중, 편두통 등의 증세로 나타난다. 성공한 사업가들 중에서도 어려운 가정환경을 딛고 열심히 노력해서 많은 것들을 이뤘지만 그 후 덜컥 암에 걸리는 이야기가 많이 들리는 이유가 그 때문이었다. 그렇다면 아빠의 어린 시절은 어땠을까?

　할머니의 말에 따르면, 할아버지의 차갑고 무관심한 눈빛 속에서

맏이 노릇을 잘하지 못해 매번 꾸지람을 듣는 그런 불안한 상태의 아이였다고 한다. 지금은 돌아가셨지만 내가 기억하는 할아버지는 손주들에게 무심했고, 앉아서 손주들과 제대로 된 이야기 한 번 나눈 적 없이 혼자 TV만 보고 계셨다. 따뜻함이라고는 찾아볼 수 없었다.

아빠가 처음 폐암에 걸렸을 당시에도 할아버지는 자식을 위로하기는커녕 '집안의 부끄러운 자식'이라는 말을 입에 담았다. 이런 할아버지 밑에서 성장했을 아빠의 어린 시절이 눈에 선하다. 할아버지가 돌아가시던 날, 나는 막 상해에 도착한 지 3일이 지났을 때였고, 아무 감정의 교류가 없었던 터라 그렇게 슬프지도 않았으며 장례식도 참석 못한 채 그렇게 원래 안 계셨던 듯 할아버지를 잊었다.

엄마는 2년간 암환자에게 좋다는 채소들로만 식단을 꾸려서 아빠를 간호했다. 간도 많이 하지 않아 맛이 정말 없다. 그래도 아빠는 그렇게라도 해야 할 것 같아 꾸역꾸역 드셨다. 그렇게 음식을 먹어 온 아빠에게 행복이란 게, 맛있는 음식에 대한 희망 같은 게 느껴지긴 했을까? 소소한 행복도 느낄 수 없는 생활을 하는데 어떻게 병이 나을 거라 생각했을까? 나도 참 아이러니하다.

그러던 어느 날 엄마는 아빠의 병을 낫게 해 보겠다며 유튜브를 뒤졌다. 암을 고친 사람들의 말이라면 밤새 찾아서 들었고, 아빠보다 더 열정적으로 방법을 찾았다. 그런 엄마의 소망이 하늘에 닿았는지, 어떤 병이든 치유가 가능하게 한다는 의사를 찾았다.

그분은 이상구 박사인데 일명 '엔도르핀 박사'라고 불린다. 죽을 병에 걸린 사람들도 낫게 한다는 그분은 호화로운 미국에서의 의사 생활도 다 버리고 한국 설악산 부근에서 '뉴스타트newstart'라는 건강프로그램을 운영하고 계셨다.

이분의 이야기는 들을수록 놀랍고 신기했다. 한때 의사이면서 환자였던 박사님은 연세대 의대를 졸업한 뒤 미국으로 건너가 의사 생활을 하면서 돈을 엄청 많이 벌었다. 그러나 그 동안 기관지 천식으로 고통받았고, 역류성 식도염, 관절염, 십이지장궤양 등 총 열다섯 가지의 병을 앓았다. 그런데 뉴스타트를 시작하고 나서는 모든 병들이 자연스레 다 사라졌다고 했다.

내년이면 80세인 이상구 박사님은 병이 하나도 없다. 건강보조제 하나 없이 건강하게 살고 계신다. 박사님이 말하는 대로라면 암뿐만 아니라 우울증, 백혈병, 아토피 등 모든 병도 치유가 가능했다. 암을 위주로 강의하시기 때문에 그곳에서는 당뇨병은 병으로 취급도 안 한다는 우스갯소리까지 있다. 그렇다고 그분이 진행하는 프로그램 강의를 꼭 돈 내고 가서 들어야 하는 것도 아니었다. 모든 강의의 풀영상을 유튜브에 무료로 개방해 놓으셨고, 홈페이지에 질문들을 적으면 꼭 답해 주셨다.

아직도 강의를 할 만큼 정정하시고, 젊은이들보다 유머도 더 넘쳤다. 오히려 아빠보다 엄마가 이상구 박사님에게 푹 빠졌다. 나쁜 마음이 들 때면 엄마는 그분의 유튜브를 틀어 놓고 잔다. 꼭 오디오북처럼 잔잔한 목소리가 너무 마음에 든다고 했다. 요즘 시대의 유튜브 영상처럼 편집도 되어 있지 않고 그냥 강의 원본을 올린 형태라 대부분의 사람들은 그 영상을 보지 않는다. 재미와 흥미 위주로 사람들을 끄는 게 아니기 때문에 정말 필요한 사람들만 본다. 그래서 그 영상들은 정말 진흙 속의 진주이다.

새로운 생명을 위한 재창조, 뉴스타트(NEWSTART)란 무엇인가.

"건강관리에 핵심이랄 수 있는데 인간 삶의 가장 중요한 삶의 기본원칙입니다. 이 기본원칙을 깨면 건강을 해쳐 병이 찾아옵니다. 그러니까 이 기본원칙으로 돌아가자는 것입니다. 건강에는 비결이란 것은 없고 삶의 기본원칙을 다시 회복하자는 것이죠. 말하자면 좋은 물을 마셔야 한다, 햇볕이 건강에 좋다, 절제해야 한다, 맑은 공기를 마셔야 한다, 과로하지 말고 휴식해야 한다, 서로 사랑하고 신뢰하면서 살아야 한다는 것입니다. 우리 몸의 자연 회복력을 증진시켜 원래 자연의 상태로 회복하는 방법입니다. '뉴스타트'는 생명을 알고 그 생명을 받아서 우리의 꺼진 유전자를 다시 켜서 건강과 행복을 회복하는 것입니다."

다큐멘터리 〈치유〉를 보면 외국에는 마음으로 암을 치유해 주는 '힐러'들이 있었다. 우리나라에서도 저런 사람들을 만날 수 있을까 생각했는데 한국에도 있었다니! 엄마는 영상으로만 보지 말고 직접 가 보자고 했다.

"이분을 만나서 병이 나은 사람들이 하나같이 하는 말이 여태껏 부정적으로 살았는데 성격이 확 바뀌었다고 하더라. 우리도 가 볼래?"

나도 처음엔 반신반의했다. 그런데 유튜브 영상을 보면 볼수록 신기한 이야기들이 많았다. 실제로 가서 보고 싶다는 생각이 쓰나미처럼 몰려들었다. '어쩌면 내 병도 고칠 수 있지 않을까?'라는 희망이 아지랑이처럼 피어 올랐다. 나도 어린 시절의 상처를 치유하고 상담을 받다 보면 내가 가지고 있는 많은 병들을 하나씩 이겨낼 수 있지 않을까? 물론 그분의 말대로라면 내 병은 병에도 속하지 않을 것이다.

아빠는 지금과는 다른 마음을 치유하는 게 필요했고, 나도 그 도움이 필요했다. 그렇지만 직접 가는 건 돈이 부담됐다. 누군가에게는 작은 돈일지 몰라도 돈이 궁한 나에게는 큰 돈이었고, 학원에도 양해를 구해야 했다. 과연 어느 직장이 열흘 동안의 휴가를 줄까? 그곳에 가기로 마음먹는다면 다니던 곳을 그만두고, 있는 돈을 탈탈 털어야 했다. 그나마 나의 생활을 유지해 주는 곳이 학원인데, 그마저 그만두면 난 또 어디에서 돈을 벌어야 하나 하는 생각에 막막했다.

'일단 돈 생각은 갔다 와서 하자. 지금 돈보다 더 우선순위는 내 몸이니까!'

이미 그분의 팬이 된 엄마와 나는 병을 치유하기 위해 아빠를 모시고 셋이서 강원도 속초로 향했다.

움켜쥔 손을 펴기로 했다

학원 수업 중 한 여학생이 얼굴을 찌푸리더니 책상에 머리를 푹 숙였다. 그러더니 황급히 강의장 밖으로 달려나갔다.

'어디가 아픈 건가…?'

걱정스러운 마음이 들어 학생들에게 실습할 시간을 주고 강의장 밖을 쳐다보며 기다렸다. 창백한 얼굴로 강의장을 터덜터덜 걸어오는 학생에게 물었다.

"어디 아파요?"

"생리통이 너무 심해서요. 방금 쓰러질 것 같아서 화장실 갔다 왔어요."

진통제 다섯 알을 털어 넣어도 통증은 갈수록 심해진다고 했다. 매달 찾아오는 고통에 그 전부터 두렵기까지 하단다. 이런 사람들이 한둘이 아니었다.

'혹시 내가 뉴스타트 프로그램에 갔다 오면 누군가를 도와줄 수 있

51

지 않을까?'

프로그램은 1부와 2부로 나뉘어 있었다. 10일씩 총 20일에 걸쳐 강의를 하는데 우리 가족은 1부만 갔다 오기로 했다. 직장이 있는 사람들은 1부만 듣는 것도 시간을 못 내는 경우가 허다하다. 그래서 정말 중증인 환자들은 일해야 하는 자신의 삶을 잠시 한 켠에 미뤄 두고 오는 경우가 많다.

우리는 홈페이지에 들어가 프로그램 신청서 양식을 작성했다. 마지막에 하고 싶은 말을 적는 칸에는 그동안 우리 가족에게 있었던 일들을 자세히 적었다. 아빠의 폐암 이야기부터 나의 혹 그리고 몇 년 전부터 앓고 있었던 난청까지. 다 털어 버리고 나니 속이 시원했다. 오히려 그렇게 글을 쓰니 내가 가진 병들이 별일 아닌 것처럼 느껴졌다. 머릿속에 있을 때는 내가 굉장히 큰 일을 당한 것같이 혼란스럽고 걱정됐는데 글로 몇 자 풀고 나니 세상에 큰일을 겪는 사람들은 많고, 내 문제는 심각하게 받아들일 게 아니구나라는 생각이 들었다.

학원에 가서 부원장님께 말씀드렸다.

"저 강의를 그만둬야 할 것 같아요."

부원장님은 갑작스러운 나의 말에 너무나 아쉬워했다.

"민지 선생님 덕분에 1년 동안 컴플레인 없이 반이 잘 운영됐어요. 나중에 여유가 되면 꼭 연락주세요!"

잡음도 많고 탈도 많았지만 그래도 나를 믿어 준 부원장님께 감사했고, 그곳에서 알게 된 수강생들과는 여전히 좋은 관계를 유지하고 있다. 몇몇 분들과도 아직까지 연락하며 서로에게 도움을 주고 있다. 되돌아 보면 참 좋은 시간이었다.

리즈 길버트가 이혼하고 이탈리아로 떠난 것처럼 나도 새롭게 시작해 보는 거다. 자신이 가지고 있는 걸 움켜쥐고서 또 다른 걸 잡겠다는 건 욕심일 뿐이다. 새로운 기회를 잡으려면 가지고 있는 걸 전부 버릴 준비가 되어 있어야 한다.

나는 움켜쥐고 있던 손을 폈다. 앞으로가 기대된다. 어떤 인연이 날 180도로 바꿔 줄까?

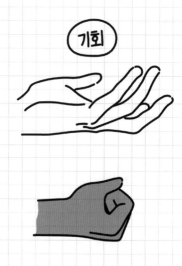

 좋은 기운을 만드는 사람이 되는 법

첫째, 좋은 기운을 가진 사람을 만나야 해요.

둘째, 내 몸과 마음에 사랑의 기운을 만들어야 해요.

셋째, 인간관계의 갈등을 해결해야 해요.

Chapter 2
생기가 필요하다

그분을 만나러

⌣

늦은 겨울, 우리 가족은 처음으로 다 같이 버스를 타고 먼 속초로 갔다. 비록 언니와 남동생이 빠졌지만 이렇게 어른이 되고 나서 가족끼리 하는 여행은 처음이다. 윗지방으로 올라갈수록 눈 덮인 산들이 절경을 이뤘다. 오랜만에 보는 아름다운 자연의 모습에 몇 시간을 창밖만 보고 있어도 지루하지 않았다.

그런데 아빠는 좀 달랐다. 속초 가기 전 교통수단에 대해서도 생각이 달랐다. 아빠는 자차를 이용해서 가고 싶어 했는데 대구에서 속초까지의 거리는 아픈 아빠가 운전하기에는 너무나 먼 거리였다. 아빠 외에는 가족 중 아무도 운전면허가 없었기에 운전해서 가는 건 불가능했다. 그런데 아빠가 그렇게 운전해서 가고 싶어 한 이유를 나중에야 알았다.

고속버스를 타고 가는 내내 아빠는 기침을 했다. 코로나 때문에 사람들은 기침에 많이 예민해 있다. 아빠는 폐암 때문에 헛기침이 계속 나오는데 사람들은 이를 자칫 코로나 바이러스로 오해할 수도 있는 상황이었다. 그렇다고 사람들 앞에서 사정을 설명한다는 것도 어불성설이었기에 아빠는 기침을 참다가 옅게 하다가 반복하면서 자그마치 다섯 시간을 좁은 버스에서 보냈다. 당연히 마음이 편하지 않았을 것이다.

버스는 달리고 달려 속초로 진입했다. 푸른 바다가 시야에 펼쳐지자 오랜만에 바다를 본 나의 마음이 활짝 열렸다.

"속초가 이런 곳이구나!"

경상도와 서울밖에 안 가 본 나는 외국에 온 듯 신이 났다. 버스에서 내려 점심을 대충 해결하고 설악산 쪽으로 가려고 식당을 나왔다.

"거기까지 가는 버스 있던데?"

돈이라면 악착같이 아끼는 엄마의 기질이 튀어나왔다.

"엄마! 여기까지 왔는데 그냥 편하게 택시 타자!"

"아 그럴까?"

엄마는 멋쩍게 웃었고, 나는 손을 흔들어 택시를 잡았다. 택시 기사님은 목소리도 크고 표정도 밝으셨다. 처음 속초에 온 우리 가족을 위해 들르면 좋을 곳들을 이야기해 주셨다. 그렇게 기분 좋게 도시를 빠져나와 굽이굽이 산을 올랐다. 똑똑하고 따뜻한 사람을 좋아하는 엄마는 소녀가 된 듯 설레는 표정을 감출 수가 없었다.

"매번 영상으로 보던 사람을 이제 눈앞에서 볼 생각을 하니까 심장이 떨린다."

그렇게 숲 속을 한참 달리자 '이상구 박사 뉴스타트'라는 간판이 빛을 내며 눈앞에 나타났다. 택시가 리조트 앞에 섰고, 아빠 나이쯤 되어 보이는 어르신들이 나오셨다.

"잘 오셨습니다!"

오랜만에 느껴 보는 힘찬 환영에 얼떨떨했다. 그분들은 우리의 짐을 꺼내고 리조트 안까지 들어다 주셨다. 느낌이 이상했다. 평소라면 젊은 내가 해야 한다고 생각하며 "괜찮아요!"라고 할 텐데 나보다 더 건강해 보이는 그분들께 양보해야 할 것 같은 생각이 들었다. 생각지도 못한 환영과 도움에 마음이 산뜻해졌다.

우리는 가족실을 배정받았고, 명찰을 목에 걸고 복도 끝 방에 들어갔다. 따뜻한 바닥의 온기와 갈색 원목 가구들에 마음이 편안해졌다. 동요집을 받아서 펼쳤는데 초등학교 때 불렀던 노래들이 가득했다. 마지막으로 동요를 불러 본 지가 언젠지 모르겠다. 시작 시간보다 세 시간이나 일찍 온 우리는 대충 짐을 정리하고 주변 풍경을 구경하러 나섰다.

역시 공기는 도시와 차원이 달랐다. 설악산 입구 바로 아래에 있는 리조트라 그런지 공기를 마시면 산소가 그대로 폐까지 전달되는 상큼한 느낌이다. 아마 이런 곳에서 쭉 산다면 코털이 긴 사람이 많지 않겠다는 엉뚱한 생각도 들었다.

주변에는 카페가 딱 한 군데 있었다. 우리는 여유를 좀 느끼고자 커피를 마시려고 들어갔다. 그런데 리조트 안에 있던 개와 똑같은 개가 카페 문 앞을 지키고 있었다.

'이 개도 여기까지 온 건가?'

엄마는 따뜻한 아메리카노를 나는 블루베리 스무디를 주문했다. 점원은 우리를 보며 말했다.

지금 필요한 건 나를 위한 시간

가끔 오는 큰 행복보다 자주 느낄 수 있는 작은 행복이 만족감이 더 크다고 합니다. 우리에게 행복을 주는 것은 복권당첨처럼 대단한 행운이 아닌 삶을 즐기는 소소한 여유와 즐거움에 있습니다. 어쩌면 널뛰듯 오락가락하는 감정은 나를 위한 시간을 가져달라는 작은 경고가 아닐까요?

"커피는 투샷이 훨씬 맛있는데 그걸로 드릴까요?"

메뉴판을 빠르게 스캔해 보니 투샷은 가격이 천 원 더 비쌌다. 엄마는 빠르게 고개를 저으며 "괜찮아요." 했지만 잘생긴 종업원은 한 번 더 권했다.

"첫 샷은 좀 쓴맛이 강해서요. 투샷이 진하고 더 맛있거든요."

엄마는 본인에게 너무 야박하다. 매번 1만 원 이하의 옷을 사고, 밖에서 5,000원 이상 하는 밥을 사 먹을 때면 손이 덜덜 떨린다고 한다. 그러나 가족들에게는 돈을 아끼지 않는다. 자신에게 돈을 쓰는 게 어색한 엄마를 보며 엄마 자신을 소중히 생각하지 않는 것 같아 늘 안타까웠다. 망설이는 엄마 대신 내가 말했다.

"네, 투샷 주세요."

엄마는 좀 더 좋은 커피를 먹을 만한 소중한 사람이라는 걸 옆에서 계속 알려줘야 한다.

커피를 받아 밖으로 나왔다. 아무도 없는 한적한 거리에서 우리 셋은 새 소리를 들으며 벤치에 앉았다. 꽃을 피우려고 준비 중인 꽃봉오리를 보며 우리는 오늘부터 시작될 10일 간의 프로그램에 대한 기대로 희망이 가득했다.

유전자는
변한다

⌣

벌써 날은 저물고 저녁이 되었다. 참가하기로 한 사람들이 하나둘씩 도착했는데 다들 처음 보는 사이라 서먹서먹해했다. 저녁 식사 시간을 알리는 종이 울리자 제법 많은 사람들이 식사를 하기 위해 강당 앞에 줄을 섰다. 고소한 밥 냄새에 몸이 부르르 떨렸다. 살짝 반찬을 훔쳐 보니 아픈 사람들이 오는 곳이라 그런가, 고기 반찬은 하나도 없고 죄다 나물 반찬에 과일, 밥도 쌀밥이 아닌 현미밥이었다. 엄마가 좋아하는 식단들로 구성되어 있어서 그런지 엄마는 신이 났다.

내 앞에는 손을 꼭 잡은 노부부가 있었는데, 얼마나 다정한지 뒤에서 봐도 사랑이 흘러 넘쳤다. 엄마는 특유의 오지랖을 참지 못하고 그분들에게 말을 걸었다.

"같이 오셨나 봐요. 사이가 너무 좋아 보이신다!"

이 한마디만 꺼냈는데도 벙거지 모자를 눌러 쓴 할머니는 마치 누군가 말을 걸어 주길 기다렸다는 듯 자신의 이야기를 화수분처럼 쏟아냈다.

"유명한 병원이라고 한 곳은 모조리 다 다녀봤는데도 낫질 않아서 이곳 소식을 듣고 왔어요."

옆에 계시던 할아버지도 한마디 거드셨다.

"참 다행이지요. 막상 와 보니 분위기가 너무 좋아서 벌써부터 마음이 편안해요."

할아버지는 다정했고, 할머니는 여리지만 강해 보였다. 밥을 푸기 전까지 두 분은 손을 놓지 않으셨다. 한눈에 봐도 서로를 사랑한다는 걸 알 수 있었다. 그런 모습을 오랜만에 봐서 그런지 내 마음도 포근해졌다.

밥을 떠서 강당으로 들어가니 감미로운 클래식이 흘러나왔다. 노래 하나로 사람 마음을 이렇게 편안하게 만들 수 있다니… 밥을 먹으면서 클래식을 들었던 적이 있었나? 고급 레스토랑이 아니고서야 그러기 쉽지 않다. 이제껏 시끄러운 음악 속에 파묻혀 목소리를 높여 가며 밥을 먹었던 때를 생각하니 고개가 절로 저어졌다.

숟가락을 들고 밥을 한 숟갈 푸는데 앞에 앉은 사람이 고개를 들었다. 그리고 코를 훌쩍이며 손으로 눈을 훔쳤다. 울고 있었다. 밥 한 숟가락 입에 넣고 눈물을 훔치고 다시 입에 반찬을 넣었다. 뒷모습만 보는데도 느낄 수 있었다. 그 사람의 이야기를 듣지 않았는데도 알 것 같았다. 이곳에서 치유될 수 있다는 믿음 덕분에 그동안 마음에 쌓였던 감정들이 다행으로 바뀌면서 눈물이 흘렀으리라. 이제껏 얼마나 마음고생을 했을까. 나도 괜스레 눈시울이 붉어지고 코끝이 찡해졌다. 일 년에 걸쳐서 느낄 따뜻하고도 아린 마음을 오늘 이곳에서 몇 시간 만에 느껴 버렸다.

밥을 다 먹고 나니 강의 시작 전이다. 우리 가족은 제일 앞자리에 앉았다. 옆에 앉은 엄마는 굉장히 상기된 표정이었다. 강의 시작 전 오리엔테이션이 끝나고 박사님의 이름이 호명됐다. 사람들이 박수를 치며 환호했다.

체크무늬 난방에 따뜻한 카디건을 걸친 호리호리한 몸을 가진 박사님은 웃음을 띠며 사뿐히 뛰어 강의장 앞으로 나오셨다. 박사님은 사람들의 간절한 눈빛을 천천히 읽고는 지체하지 않고 암 이야기를 꺼내셨다.

"여러분, 정상세포가 비정상세포로 변했습니다. 제일 심하게 변한 병이 암입니다. 어떻게 그렇게 변했을까요?"

암이건 백혈병이건 우울증이건 간에 사람들이 가장 궁금해하는 게 그 원인이다. 원인이라도 알면 치료방법이 나오고 치료가 되면 예방해서 다시 그런 병이 생기지 않게 할 수 있으니까. 그런데 대부분 병원에 가면 의사는 스트레스라고 이야기한다.

"스트레스 받지 마세요."라고 말하지만 우리는 대부분 방법을 모른다. 안다 해도 돈 벌어먹고 살기 바쁘다. 스트레스는 안 받을 수 없다. 그렇다면 박사님은 과연 어떻게 말할까 궁금했다.

"유전자가 변해서입니다."

한 번도 들어보지 못한 대답이었다. 술, 담배 아니면 운동 이야기를 시작할 줄 알았는데 박사님은 집돼지와 산돼지 사진을 화면에 띄웠다.

"귀여운 집돼지는 거친 산돼지가 가축화되어 송곳니가 사라진 거예요. 집돼지는 땅 팔 일이 없죠? 그렇게 송곳니가 필요 없게 되니까 자연스레 송곳니 만드는 유전자가 꺼진 거예요. 이런 놀라운 현상이 아프리카에서도 벌어지고 있습니다."

유전자가 꺼진다니. 이게 무슨 말일까. 현대 의학계에서는 각각의 유전자에 스위치가 있다는 대단한 발견을 했다. 이 스위치가 꺼지냐 켜지냐에 따라 병이 생기기도 하고 난치병도 고칠 수 있다는 뜻이다. 이 스위치들이 제때 잘 작동해야 유전자들이 잘 작동하여 우리는 병에 걸리지 않고 건강하게 살 수 있다. 우울증, 당뇨병 등 많은 질병들이 이 유전자들의 스위치 조절이 잘 되지 않기 때문에 생기는 것이었다. 이러한 흥미로운 이야기에 귀가 쫑긋했다.

"아프리카 코끼리는 긴 상아가 특징이에요. 그런데 최근에 상아 없는 코끼리가 태어나고 있어요. 왜 그런 걸까요?"

박사님은 사람들을 한 명씩 쳐다보면서 대답을 기다렸지만 강의장은 조용했다. 박사님은 양손을 펼치며 이야기를 이어갔다.

"밀렵꾼들이 상아를 얻기 위해 지난 30년 동안 코끼리를 죽였어요. 총 소리가 들리고 난 후에 코끼리가 그 장소에 가면 상아 잘린 코끼리가 죽어 있는 걸 보게 되죠. 그게 반복되다 보니 코끼리들은 생각합니다. '상아가 있으면 죽는구나.' 그렇게 상아가 없었으면 좋겠다는 생각이 대대로 내려오다 보니 상아를 만드는 유전자가 꺼지고, 결국 상아가 없는 코끼리가 태어나게 된 거죠."

박사님의 예시는 가히 놀라웠다. 유전자는 환경에 영향을 받는다는 것이 쟁점이었다. 집돼지의 송곳니는 주거가 산에서 집으로 바뀌면서 외부적 환경이 요인이 되어 사라진 것이고, 코끼리의 상아는 코끼리들의 생각, 즉 내부적 환경이 요인이 되어 유전자가 바뀐 것이다. 유전자는 결국 어느 한 쪽의 영향이라기보다는 외부적 그리고 내부적 환경의 요인으로 변하는 것이었다. 박사님의 이야기는 유전자는 태어날 때부터 정해져서 끝까지 간다고 생각한 내 통념을 뒤집었다.

그러면 어떤 질병이든 이를 보호하고, 담당하고 있는 유전자들이 꺼졌기 때문에 생긴 것이라고 이야기할 수 있다. 꺼진 유전자를 켤 수만 있다면 어떤 질병이든 나을 수 있다는 말이다. 그 순간 '아!' 하고 감탄사가 터져 나왔다. 아마 여기 앉아 있는 대부분의 사람들이 그랬으리라.

"지금 설악산이라는 공기 좋은 곳으로 와서 외부적 환경을 바꿨고, 아름다운 산을 보면서 '와 좋구나!'라는 내면의 기쁨을 느끼는 순간부터 여러분의 유전자는 변하기 시작했습니다!"

유전자는 지금부터 변하기 시작했다는 말이 사람들의 가슴을 울렸다. 박사님은 들뜬 사람들을 진정시키고 질문 하나를 던졌다.

"집돼지를 산으로 보내면 송곳니가 나올까요?"

박사님은 사람들의 표정을 보며 뜸을 들이다가 답했다.

"네, 나옵니다! 송곳니가 필요하니까."

우리의 유전자도 외부적, 내부적 환경요인으로 켜지면서 다시 정상세포로 돌아가기 때문에 병이 나을 수 있다.

사람들은 다들 희망에 차서 박수를 쳤다. 이제껏 나를 괴롭힌 외부적, 내부적 환경들을 생각해 봤다. 시끄러운 도시 속에서 끊임없이 성공을 갈망했고, 내 뜻대로 되지 않으면 화를 내고 스트레스를 받았다. 다른 사람을 원망하고 질투하고 시기했다. 가지고 있는 것에 감사하기는커녕 갖지 못한 것에 대한 한이 더 컸다. 그리고 그런 감정들은 꿈을 이루는 사람들이면 응당 가져야 할 것이라 착각했다.

나는 변해야 한다. 나를 괴롭히는 환경들을 모조리 바꿔야 한다. 그래야만 병이든 나를 짓누르는 마음이든 나을 수 있다. 지금 상황을 바꾸려면 변화가 답이다.

박사님은 사람들의 마음을 읽었는지 강의가 끝나기 전 마지막 말을 덧붙였다.

"그럼 어떻게 하면 변할 수 있을까요?"

박사님은 팔을 높이 들고 외쳤다.

"뉴스타트가 답입니다."

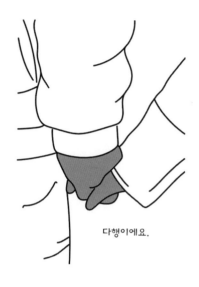

다행이에요.

어느 60대 노부부 이야기
- 김광석

세월이 흘러감에 흰머리가 늘어가네
모두 다 떠난다고 여보 내 손을 꼭 잡았소
세월은 그렇게 흘러 여기까지 왔는데
인생은 그렇게 흘러 황혼에 기우는데
다시 못 올 그 먼길을
어찌 혼자 가려 하오
여기 날 홀로 두고 여보 왜 한마디 말이 없소
여보 안녕히 잘 가시게

새로운 선택을
하겠는가?

⌣

다음 날, 아침 6시 반에 눈을 떴다. 공기 좋은 곳에 가면 항상 눈이 잘 떠진다. 고령에 계시는 시골 외할머니 댁에 가서 하룻밤을 보낼 때도 새벽 6시가 되면 눈이 저절로 떠졌다. 깜깜한 곳에서 아무런 불빛의 방해 없이 잠들어서 그런 듯하다. 전날 야채를 먹고 자서 그런지 속도 편하고 몸도 개운했다.

엄마 아빠도 이미 잠에서 깨 나갈 채비를 하고 있었다.

"공주야, 아침 체조 전에 주변 산책하러 먼저 나갈게."

엄마와 아빠는 7시까지 체조를 하러 나오라는 말만 하고 방을 나갔다. 휴대폰을 열어 시간을 확인했다. 6시 50분. 지금쯤이면 집에서는 이불을 덮어 쓰고 체조 따위는 생각도 안 할 것이다. 항상 잠은 부족했고, 잠을 방해하는 것들은 죄다 싫었다.

'새벽이라 밖은 더 춥겠지?'

아침 7시가 단체 체조 시간이라고 듣긴 했지만 창문으로 슬쩍 보니 아직 아무도 보이지 않았다. 다들 나처럼 따뜻한 방을 나가기 싫어하는 듯했다.

'변하기로 했잖아. 아침 체조가 그 시작이야. 이것마저 게으름 피우면 난 변할 수 없어.'

벌떡 일어나 겉옷을 걸치고 두꺼운 양말을 신고 밖으로 나갔다. 푸른 빛이 도는 새벽 풍경은 아름다웠다. 눈앞에 펼쳐진 설악산의 장관은 어떤 여행지도 부럽지 않았다. 숨을 크게 들이마셨다. 공기는 차가웠지만 상쾌했다. 이렇게 싱그러운 아침 향기를 맡아 본 적이 언제였던가.

7시 정각이 되니 사람들이 하나둘씩 나오기 시작했다. 나온 사람들을 세어 보니 어제 강의 들었던 인원의 반 정도였다. 사람들은 크게 원을 그리며 둘러 섰고, 자원봉사자의 지휘 아래 체조를 시작했다.

"하나, 둘, 셋, 넷! 숨을 크게 쉬세요."

"으…."

"아이고야!"

간단한 스트레칭에도 앓는 소리가 사방에 퍼졌다. 다들 운동을 멀리하고 살았다는 게 눈에 보였다. 나도 일에 치여 스트레칭을 멀리했더니 온몸이 뻣뻣했다. 슬쩍 옆을 보니 아빠도 땅바닥을 짚는 게 안 돼 쩔쩔 매고 있었다. 아마도 아빠는 스트레칭을 몇 십 년 만에 하는 것이리라.

30분 동안 이어지는 스트레칭 시간, 사람들은 제각각이었다. 몇몇은 끝까지 따라했지만 몇몇은 반 포기를 하고 가만히 서 있었다. 그리고 그중 몇몇은 자세는 따라해도 하는 둥 마는 둥이었다. 같은 공간에서 같은 강의를 들었지만 나오는 행동은 달랐다.

아침 식사를 마치고 강의를 들으러 다시 모인 사람들은 어색함을 물리치고 하나둘 인사를 했다. 이제 10일 동안 매일 볼 얼굴들이고, 아침에 안면도 텄으니 조금의 용기가 생긴 것이다. 우리도 바로 뒷좌석에 앉은 아주머니 두 분과 말을 텄다. 유방암으로 고생하고 계신데 여윳돈이 없어 올까 말까 고민하다가 용기 내 오셨다고 했다.

"맨 앞자리에 앉고 싶은데 아직 좀 부끄러워요."

그렇게 이야기를 하고 있는데 오늘도 환한 얼굴로 강의장에 들어선 박사님은 아침 운동 이야기부터 꺼내셨다.

"아침 운동 재미있게 하셨어요? 그것마저 안 하고 나을 생각을 하는 건 아니겠죠?"

분명 찔리는 사람들이 있을 것이다.

"여러분, 유전자가 변하는 건 여러분의 선택에 달렸습니다. 아침 운동을 하기 위해 잠을 이기는 것, 하기로 했으면 열과 성을 다하는 것, 좋은 내용을 들으면 박수 치는 것. 모든 것은 다 본인이 선택한 거예요. 아무리 좋은 이야기를 해도 박수 안 치고 멀뚱하게 쳐다만 보는 사람들이 있어요. 여러분 지우 박수 치는 거 봤어요?"

지우는 암에 걸린 엄마를 따라 이곳에 온 초등학생 꼬마 소녀였다. 어린 아이가 지루할 법도 한데 항상 강의 시간이 되면 맨 앞줄에 엄마와 함께 앉아서 박사님의 말을 듣고 박수를 힘껏 친다. 정말 그냥 손뼉이 아니라 온몸으로 치는 박수이다. 자신의 상체 폭을 벗어나지 않는 점잖은 박수를 치는 어른들과 달리 기쁨이 뿜어져 양팔을 크게 벌려서 치는 박수였다. 어린 아이처럼 생각하고 살면 병도 다 낫는다는 말이 있다. 어른이 되어서도 어린아이처럼 점잔 빼지 않고 저렇게 자신의 기쁨을 온몸으로 표현할 수 있다면 얼마나 좋을까 하는 생각이 들었다.

"유전자 회복은 생기가 있어야 합니다. 이제껏 현대의학은 사람의 생기에 대해 관심이 없었어요. 이 생기는 사람 몸에 흐르는 '전기 에너지'예요. 휴대폰에 전기가 흘러야 작동되는 것처럼 사람에게는 생기가 흐르지 않으면 유전자가 작동이 안 돼요."

우리는 대부분 생기 넘치는 사람은 따로 있다고 생각한다. 날 때부터 힘이 넘치고 매사에 적극적으로 행동하는 사람이 몇이나 될까? 그런 사람들도 살다 보면 무기력할 때도 있고, 처질 때가 있다. 그런데 사람들은 대부분 이런 시기가 오면 마음이 가는 대로 몸도 따른다. 마음이 처지면 몸도 처지도록 놔둔다. 침대에 누워서 나올 생각을 안 한다. 그러면서 '시간이 지나면 언젠가 회복되겠지.'라고 생각한다.

그렇지만 시간이 지나도 힘은 오지 않는다. 내가 힘 내기를 선택해야 몸에 에너지가 흐르고 생기가 흐른다.

"우리 몸속에 흐르는 전자파를 생체 전자파라고 해요. 이중에서도 좋은 게 있고 나쁜 게 있는데 전자는 알파파, 후자는 베타파라고 해요."

알파파와 베타파는 진동이 달랐다. 보기만 해도 베타파는 빠르고 신경질적인 느낌의 진동이었고, 알파파는 그보다 유순하고 느려 보였다.

"뇌에 알파파가 흐르면 마음이 편안하고 기분이 좋아요. 그런데 갑자기 사이 나쁜 시어머니한테서 전화가 왔다고 생각해 봐요. 그러면 그 전화 하나로 기분이 팍 상해서 알파파가 베타파로 변해요. 이 베타파가 지속되면 스트레스가 심해지는 거죠. 지금 강의 들을 때는 마음이 편하죠?"

그렇다. 좋은 강의를 들었다는 증거로 현재 마음 상태가 안정적인지를 봐야 한다. 알파파가 흐르는 상태. 그 상태여야 생기 에너지가 흐를 수 있게 된다. 그리고 그 에너지는 우리 몸이 제대로 작동할 수 있도록 도와준다. 그 순간에는 불안함을 다 잊어버린다. 내내 기침하던 아빠도 강의 들을 때는 기침이 덜하다. 집중을 하고 희망을 계속 생각해서 그런지 기침하는 걸 잊었다고 한다.

암 투병 중 아무것도 할 수가 없는 할머니 한 분은 유튜브에서 이상구 박사님의 강의를 내내 들으셨다. 그랬더니 정말 거짓말처럼 암이 다 없어졌다는 것이다. 앓아 눕는 것 대신 걱정이 들어올 틈이 없도록 할머니는 좋은 강의 듣기를 선택했기 때문이다.

반면, 베타파가 흐를 때는 유전자의 상태가 나빠지고, 잡념이 많이 생긴다. '다른 사람은 다 된다던데 나는 안 될 것 같아.', '내가 한다고 될까?' 이런 부정적인 생각이 나를 지배한다. 긍정적인 생각들은 일부러 그렇게 생각하려고 노력해야 하는데 부정적인 생각들은 노력하지 않아도 저절로 떠오른다. 삶을 살다 보면 수많은 자극들에 영향을 받기 때문이다.

직장에서건 가족 사이에서건 스트레스를 수없이 받는다. 그럴 때 우리는 짜증 내기를 선택한다. 망설임 없이 소리 지르고, 화를 내고, 말로 남을 할퀸다. 남에게 그렇게 하지 못하는 사람들은 스스로 그 어두운 기운들을 안고 살아간다. 그럴 때 유전자는 꺼지고, 세포들은 해야 할 일을 하지 못한다. 우리가 무심코 쓰는 미워 죽겠다, 기가 막히고 코가 막힌다는 말이 정말 내 몸을 해치고 있는 말이었다.

우리는 이럴 때 과감하게 알파파가 흐르길 선택해야 한다. 그렇다면 어떻게 해야 베타파를 알파파로 바꿀 수 있을까?

알파파가
흐르게 하라

⌣

완전히 반대인 성향을 가진 사람이 가족 중에 있다. 그 둘은 30년을 같이 살았지만 끝없는 평행선을 달리는 느낌이다. 엄마와 아빠는 상극이다.

공부하는 걸 좋아했던 엄마는 고등학교만 간신히 졸업했다. 당시 생활 형편이 넉넉지 않아 아들만 대학교를 보낸다는 가족의 판단 아래, 엄마는 동생들 학비와 가족들의 생활비를 위해 돈을 벌어야 했다. 그리고 집안의 장남인 큰외삼촌이 대학에 갔다. 그때부터 엄마는 대학에 가지 못했다는 사실을 항상 아쉬워했다. 대학교를 다녔지만 공부에 흥미를 못 느끼며 지루해하는 자신의 남동생을 회상하며 엄마는 자주 이렇게 이야기했다.

"나도 공부하고 싶었는데! 차라리 날 보내 주지! 내가 대학 나왔으면 어디 한자리 차지하고 있었을걸?"

29년을 옆에서 지켜본 엄마는 사실이 그랬다. 정말 그에 준하는 학력만 있었다면 대단한 자리 하나 꿰찰 사람이었다. 그 이유는 성격 때문이다. 평소에 활달하고 사람들과 잘 어울리는 엄마의 큰 장점은 '세상 모든 것에 감탄하는 성격'이다. 남들이 보면 오버한다고 생각할 만큼 작은 것에도 감탄을 잘한다.

엄마는 내가 아주 어릴 때부터 꽃을 보면 지나가다가도 멈춰 서서 "어쩜 이렇게 예쁠 수 있을까?" 말하면서 꽃이름은 물론이고, 꽃 속까지 보여주며 꽃에 대한 이야기를 술술 풀곤 했다. 그리고 자식들의 모의고사 문제집에 나온 수필이나 소설을 읽으면서 크게 감동하곤 했다. 그래서 엄마는 수능 공부를 한 우리보다 현대문학을 더 많이 기억하고 있다. 때때로 마음에 꽂히는 시가 있으면 통째로 외워 버리기도 하고, 유명한 그림에 대한 해설을 줄줄 꿰고 있기도 하다. 그런 엄마를 보면 신기하기도 하고 부럽기도 하다. 세상 풍파를 다 겪고도 세상이 아름다워 보이고 알고 싶은 게 차고 넘치니 말이다.

반면, 아빠는 세상의 일들에 무심하다. 책을 읽는 모습은 본 기억도 없고, 맛있어서 '우와! 맛있다!'라고 표현하거나 어떤 일에 감탄 또는 감동받는 모습도 본 적이 없다. 그리고 칭찬에도 굉장히 쑥스러워해 방에 가 몸을 숨긴다. 불 같은 엄마와 세상 무관심한 아빠가 만났다. 이런 두 분의 성격 탓에 당연히 손바닥 마주칠 일이 없다. 엄마와 아빠의 모습을 반반 닮은 자식들이 엄마는 성에 안 찬다. 엄마는 세상 모든 것에 무표정한 우리를 보고 한마디 하곤 한다.

"어떻게 꽃을 보고 감탄이 안 나올 수 있지?"

그렇게 엄마와 아빠는 30년 이상을 함께 살면서 각자의 성격을 바꾸지 않고 살아갔다. 지금, 그 끝은 다르다. 엄마는 살면서 아픈 곳 하나 없었고, 아빠는 암에 걸렸다. 나는 박사님의 강의를 듣고 그 이유를 알게 되었다.

"알파파가 흐르려면 진, 선, 미가 필요합니다."

진선미는 미스코리아 결선에서나 들어보던 단어다. 박사님은 진선미의 뜻을 하나하나 설명해 주셨다.

"세상에는 거짓된 이야기들이 판을 쳐요. 잘못된 정보를 진실이라고 믿다가 봉변을 당하기도 하는데 이걸 보고 '모르는 게 약이다'라고 하는 거죠. 아픈 사람에게는 이게 특히 심해요. 개똥쑥이 어디에 좋대. 이런 개똥 같은 소리 말고 진실을 믿으면 마음에 힘이 생겨요."

박사님이 말하는 진실은 앞서 이야기한 유전자, 생체 전자파 등 우리가 살면서 꼭 알아야 하는 것들이었다. 우리 몸이 작동하는 원리를 알고, 진실을 깨우치면 검증되지 않은 잡다한 '카더라 통신'들을 거를 줄 알게 된다. 그리고 원리를 알고 행동하면 믿음이 생기고, 그로 인해 자신의 생각과 행동에 힘이 생긴다. '아는 것이 힘'이라는 말과 '모르는 게 약'이라는 말을 다시금 상기시켰다.

나는 기숙사 고등학교를 다녔다. 열일곱 살이라는 어린 나이에도 불구하고 교실 뒤편의 사물함에는 학생들의 부모님들이 보내준 홍삼 엑기스들이 가득했다. 한창 혈기왕성해야 할 나이에 홍삼이라니!

다들 먹으니 나도 안 먹으면 뒤처지겠다는 생각에 한 통 사서 먹어봤는데 별 효과가 없었다. 잠은 계속 쏟아지고, 몸에 힘은 없었다. 특히 겨울이면 교실 안은 코감기와 목감기에 걸린 학생들의 기침 소리들로 가득해 선생님의 목소리가 묻힐 때도 있었다. 그렇게 학생들이 건강에 신경 쓴다는 방법이 '건강 보조제'였다. 그러다 같은 반 친구에게 일이 터지고 말았다.

아침에 수업을 듣고 있는데 주말에 집에 갔다 온 한 친구의 얼굴이 심상치 않게 변해 가고 있었다. 얼굴 피부에서 검은색의 반점들이 올라오더니 알레르기처럼 얼굴 전체로 번져 갔다. 그 속도가 상당히 심해 보였고, 시간이 지나자 친구들도 걱정하기 시작했다. 첫 교시에는 친구가 별 반응이 없는 듯 보였으나 점점 시간이 갈수록 친구의 얼굴은 창백해지고 급기야 화장실에서 구역질까지 했다.

원인은 '피마자 기름'이었다. 친구의 부모님이 이 기름이 몸에 좋다는 이야기를 듣고 딸에게 먹였는데 평소 먹어 보지 않은 음식인 데다가 몸에서 안 맞았는지 거부반응이 나타난 것이다. 친구는 병원에 갔다 와서도 한동안 죽을 먹으면서 생활해야 했고, 당시 나는 집과 학교를 매일 왕래했던 터라 엄마가 대신 죽을 만들어 매일 친구에게 갖다 줬다.

이 사건이 '카더라 통신'으로 피해를 본 대표적인 나의 어릴 적 기억이다. 나는 그 친구가 고생하는 모습을 보면서 절대로 그런 민간요법의 약초를 먹지 않으리라 다짐했다.

"그 다음으로는 세상의 아름다운 것들을 내면화할 줄 알아야 해요. 내면화한다는 건 이런 거예요. 아름다운 산을 보면 '와 경치 좋다!'라고 말할 줄 알고, 봄이 되면 꽃 피는 걸 보고 아름답다고 느껴야 해요. 우리는 돈을 버는 데 너무 집중해서 이 아름다움을 모르고 살아요. 빠르게 걷다가 잠깐 스쳐 지나가면서 꽃을 보고는 친구한테 "지나가다 보니까 꽃 폈더라!"이래요. 내면화할 시간이 없어요. 세상의 아름다움이 내 유전자에 영향을 미칠 시간이 없어요."

최근 몇 년 간, 아니 10년 사이에 나는 아름다운 것들을 보고 충분히 느낄 시간이 있었던가? 매번 시간이 있어도 다른 할 일을 찾아 하기 바빴고, 시간이 통째로 비는 걸 두려워했다. 꼭 내가 게으름뱅이가 된 것 같았기에 다른 일거리를 찾아 뭐라도 하려고 했다. 그런데 아름다움을 느끼는 시간은 따로 가져야 하며, 그 시간은 낭비가 아니라는 걸 이제서야 깨달았다.

"마지막으로, 예쁜 꽃을 봤으면 감사해야 합니다. '이렇게 예쁜 꽃을 보여주셔서 감사합니다.'라고 말하는 것. 이것이 선입니다. 베풀 줄 알아야 하고, 받았으면 감사할 줄 알아야 해요. 여기서 다 나으신 분들이 자원봉사를 자처하며 지내는 이유가 이 때문이에요."

우리가 이곳에 도착하자마자 짐을 옮겨 주시고 친절하게 방까지 안내해 주신 힘이 넘치시는 분들은 다 자원봉사자 분들이었다. 따로 보수를 받지 않고도 그렇게 도우면서 누구보다도 힘이 넘치고 적극적이었던 이유는 마음에 선이 있기 때문이다.

"우리는 외부적인 아름다움을 내면화할 수 있는 능력을 키워야 합니다. 아름다운 걸 보고 감탄하고, 실제로 그렇게 느끼는 것. 이 능력이 곧 베타파를 알파파로 바꿀 수 있는 방법이에요. 잘 안 되더라도 일부러 느끼도록 애써야 합니다."

진선미. 이것이 우리가 세상을 살아갈 때 꼭 기억해야 하는 것들이었다. 진실된 것들을 믿고 누군가에게 선을 행하고, 외부에 있는 모든 아름다움을 내면화할 때 유전자를 켤 수 있다. 그때는 모든 세포가 활발히 돌아가고, 잔병에도 안 걸리며 내 몸에 어떤 병균이 들어와도 방어할 힘을 갖춘다.

"저는 꽃이 핀 걸 보면 하느님이 저를 보며 '상구야, 까꿍!' 하는 거라 생각해요."

어떻게 어른이 되어서도 이런 아이다움이 남아 있을 수 있을까? 내년이면 여든 살이 되는 분인데 건강 보조제 하나 챙겨 드시지 않는 이유를 이제야 알았다. 박사님은 웬만한 젊은 사람보다 힘이 날 수 있는 이유를 이렇게 표현한다.

"제가 하는 일은 진실된 일이에요."

'진'이 가진 힘은 체력과 정신력을 동시에 좋게 만든다. 진실된 힘은 무언가를 끝까지 지속할 수 있게 만든다. 거짓은 언제든 탄로나고 자기 발등을 찍기도 하기 때문이다. 거짓된 자 그리고 사기 치는 사람들이 끝까지 흥할 수 없는 이유는 이것이다.

지금 이 글을 쓰고 있는 나는 시간 가는 줄 모르고 몇 시간씩 의자에 엉덩이를 붙이고 앉아 있다. 이렇게 할 수 있는 이유는 내가 쓰는 글이 다른 이에게 도움이 될 거라 확신하고 선을 생각하는 진실된 글이기 때문이다. 헤밍웨이의 글에도 이렇게 적혀 있다.

난 파리의 지붕 위에 서서 내다보며 생각했다.

"걱정 마라. 넌 예전에도 언제나 썼었고, 앞으로도 쓰게 될 것이다. 네가 알고 있는 가장 진실한 글을 써라."

내가 지금 글을 잘 쓰고 있는지 의심이 들 때, 헤밍웨이의 말을 되새긴다. 모르는 걸 쓰는 건 괴롭고 확신도 없다.

내용을 정리하자면 우리의 세포, 즉 유전자의 건강상태는 생체 전자파의 영향을 받는다. 이 생체 전자파에 영향을 미치는 건 내부적, 외부적 환경이다. 그러니 외부적인 환경에서 오는 아름다운 것들을 내면화해야 유전자가 건강해지는 것이다.

"제일 경계해야 하는 것은 내가 하는 일이 지겹고, 의미가 없다고 느껴질 때랍니다. 그때는 세상의 아름다운 것들을 느낄 수가 없어요."

직장인들이 퇴사를 생각하는 이유 중 '내가 하는 일에 의미를 못 찾아서'가 상위권을 차지한다. 나의 친한 친구도 우리 나이에 받을 수 있는 연봉을 훌쩍 뛰어넘은 연봉 1억 원의 편한 일자리를 포기했다. 처음엔 너무 놀라서 왜 그런 선택을 했는지 물었다. 그런데 친구는 이렇게 답했다.

"지금 하는 일이 너무 지루하고 보람이 없어."

그 친구는 현재 좀 더 의미 있는 일을 하기 위해 다시 의대로 진학했다. 아무리 돈을 많이 번다 할지라도 자신이 하는 일에 의미를 찾지 못하면 시들게 되어 있다. 개인의 소소한 행복도 중요하지만 우리는 그것만 바라보고 살기에는 너무 진화된 인간이다. 우리는 각자 자신들의 뇌에서 알파파가 흐르는지 항상 점검해야 한다. 강의가 끝나기 전 박사님은 이렇게 강조하셨다

"진선미를 선택하고, 하루를 의미 있게 보내세요."

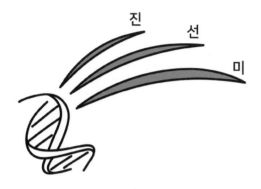

사실만을 보는 것은 부정적으로 보는 것입니다. 부정적으로 보면 우리 몸속 유전자는 꺼지지요. 선한 마음이란, 우리가 꽃을 볼 때 이 꽃은 누군가가 나를 위해 피워 준 것이라 생각하는 그 착한 마음. 미의 마음은 아름다운 것을 봤을 때 그 아름다운 것을 느낄 수 있는 마음을 뜻합니다. 진,선,미 속에는 아무런 조건이 없습니다. 이것이 무조건적인 사랑이지요. 이 무조건적인 사랑을 느끼면서 살면 유전자가 켜지면서 건강은 회복됩니다.

괴로운
마음이 모여

ᴗ

"진선미가 합쳐지면 뭐가 되는 줄 아세요?"

사람들은 질문에 답하려고 골똘히 생각했다. 시간이 흘러도 딱히 나오는 대답이 없자 박사님은 질문의 답을 이어갔다.

"사랑이 됩니다. 사랑보다 진실한 게 있나요? 사랑보다 아름다운 게 있나요? 사랑에는 힘이 있습니다. 베타파를 알파파로 만들 수 있는 힘. 스트레스 푼다는 게 결국 베타파를 알파파로 바꿔 준다는 거예요."

스트레스 푼다는 것에 대해 자세하게 이야기해 준 사람은 이제껏 한 명도 없었다. 누군가는 노래방에서 노래를 부르고 나면 풀린다고 하고, 그림이나 운동 등 취미 활동을 하면 풀린다고 하는데 내가 느끼는 스트레스는 단순히 그렇게 풀리는 정도가 아니었다. 그렇기에 오랫동안 묵힌 탓에 지독한 냄새가 나는 이 스트레스를 어떻게 푸는 건지 나는 알 수 없었다. 그런데 진선미가 있으면, 아름다움을 내면화할 수 있으면 스트레스 푸는 건 식은 죽 먹기였다.

"여러분, 투병 생활 중에는 내면의 환경을 진선미, 즉 사랑을 채우는 연습을 하면서 즐겨야 해요. 걱정된다고 걱정하면 행복합니까?"

걱정하면 불안하고 불안하면 행복하지 않다. 암환자가 되기까지는 10년이라는 세월이 걸린다고 한다. 세포가 오랫동안 극한의 상황에 내몰려야 암세포가 된다. 그렇게 오랜 시간 동안 자신을 제대로 돌보지 않고, 부정적인 생각들로 10년을 채워야 암환자가 되는 것이다. 우리는 왜 이렇게 끊임없이 걱정하기를 선택할까? 걱정이 드는 그 순간, 그냥 웃고 흥얼거릴 순 없을까?

"우리의 몸에는 매일 암세포가 생겨요. 건강한 사람 몸에도 있어요. 그런데 암환자인가 아닌가의 차이는 매일 생겨나는 암세포를 죽일 능력이 있느냐, 없느냐입니다. 우리의 세포는 궁극적으로 우리의 생각, 즉 영적 에너지의 지배를 받아요. 마음이 즐거우면 암세포를 죽이는 T세포가 활발해져서 암세포를 죽이려고 다 그 주변에 집합해요. 신기하죠?"

건강한 사람의 몸에도 매일 암세포가 생긴다는 말은 살아생전 처음 들었다. 내가 지금 여기 이곳에 앉아 있는 다른 암환자들과 유일하게 다른 건 그저 내가 아직 암세포를 죽일 만한 건강상태라는 것이며, 그 건강상태는 내가 어떤 감정으로 살아왔는지에 따라 달라지는 것이다. 아무리 담배를 많이 피고, 술을 많이 마셔도 이를 방어할 수 있는 유전자가 잘 켜지면 아프지 않다. 그런데 이런 걸 안 해도 병에 걸리는 사람들은 조그마한 자극에도 쉽게 방어할 만큼의 유전자가 작동하지 못하는 것이다. 여기에 스트레스가 큰 역할을 한다.

실제로 이곳에 온 사람들은 하나같이 예전부터 마음고생을 많이 했다. 참가자 중 암이 몸 곳곳에 퍼져 거동이 불편한 아주머니가 계셨다. 목발을 짚고 다니셨는데 다행인 건 항상 옆에 남편이 있었다. 남편의 지극정성 간호에도 아주머니의 표정은 밝지 않았고, 남편을 보며 미소 짓지도 않았다. 나는 첫날부터 그 모습이 참 의아했다.

'남편이 잘해 주면 난 너무 기분 좋을 것 같은데….'

그런데 역시 겉모습만 보고 판단하면 안 되었다. 실제 그들의 속사정은 달랐다.

"남편이 저 젊을 적에 그렇게 속을 썩였어요. 얼굴만 봐도 이 남자 한 성격 하게 생겼죠?"

두 분의 일상을 속속들이 알 수는 없지만 남편 때문에 매일 속이 상한 아내는 결국 암이라는 진단을 받았다고 했다. 그제서야 남편은 자신의 잘못을 뉘우치고 아내를 돌보기 시작했다. 사람이 갑자기 바뀌었다는 말이 딱 이 상황이었다. 그런데 아내는 어딘가 모르게 침울해 보였다. 아주머니는 자신의 건강을 위해서라도 남편을 용서해야 했다. 과거를 떠올리며 상대를 원망하는 대신 일상을 즐거움으로 가득 채워야 병을 치유하고 잘 살아갈 수 있다.

자신을 죽음까지 몰고 갈 수 있는 병을 가졌다는 건, 이제껏 내가 살아왔던 방식을 모조리 바꿔야 한다는 의미다. 그걸 모르고 예전에 느꼈던 감정들을 똑같이 느끼고, 똑같이 생활한다면 결코 건강했던 때로 돌아갈 수 없다. 자신을 완전히 바꿔야만 나을 수 있다.

이 부부처럼 이곳에 온 많은 암환자 분들 개개인의 사연이 하나같이 다 절절하다. 세상을 살면서 사람과 인연을 맺고 살아가다 보니 자연스레 스트레스가 생기고, 그 스트레스를 어떻게 할 도리가 없다 보니 병이 된 것이다. 그나마 내가 아직 암이 되지 않은 건 나 나름의 방어책을 잘 구축했다는 것 아닐까. 그리고 내 몸이 나를 위해 힘껏 싸워 주고 있었다는 생각에 새삼 감사했다.

이곳에서는 암을 완치한 분들의 이야기를 영상으로 보여준다. 그중 내 눈을 사로잡은 건 중학생 여자 아이가 난소암으로 이곳에 온 경우였다. 그 여자아이는 씩씩하게 이야기했다.

"저한테 엄마를 따라왔냐고 물으시는데, 제가 아파요. 엄마가 보호자고요. 어린 애가 스트레스 받을 일이 뭐가 있었냐고 물으시는데 저도 저 나름대로의 스트레스가 있었어요. 가족 사이에서도 그렇고 나이는 어리지만 스트레스 많이 받아요."

그렇다. 우리는 종종 어린 나이일수록 스트레스가 없다고 생각한다. 어른의 생각으로 아이가 받는 스트레스는 별것 아니라고 판단한다. 그런데 어릴수록 조심해야 한다는 말이 있다. 성숙하지 않은 정신은 작은 변수에도 타격을 많이 입는다. 그래도 다행히 이 아이는 이상구 박사님께 배운 내용들을 잘 실천해 암이 완치됐고, 이미 스무 살이 훌쩍 넘었다. 그녀는 이상구 박사님과 마찬가지로 뉴스타트를 알리는 의사가 되기 위해 의대에 진학했다. 그녀는 자신이 아파서 이러한 내용들을 알게 된 것에 감사하다고 했다.

내가 기억하는 어릴 적 환경은 사실 지독히도 괴로운 날들이 많았다. 행복했던 기억을 떠올리라고 하면 사실 떠오르는 게 없다. 서로 반대 성향인 부모님은 싸움 잘 날이 없었고, 술을 좋아하는 아빠 때문에 밤마다 시끄러운 소리를 들으며 스트레스를 받았다. 때때로 아빠 옆에서 잘 때면 코 고는 소리에 뜬눈으로 밤을 샜다. 다른 방에 가고 싶어도 이 방에서 움직이는 것조차 무서웠던 어린 시절의 나는 미칠 듯한 스트레스를 품고 조용히 숨죽여 있었다. 부모님이 물건을 부수며 싸울 때는 방에서 벌벌 떨면서 모든 부정적인 마음의 소리들을 속으로 삼켰다.

그래도 이렇게 잘 자란 것에 감사하다. 나름대로 좋은 생각을 하려고 애쓰며 살았다. 다만, 아직 내가 나를 믿지 못하고, 마음이 안정되지 않은 상태라는 건 스스로도 잘 알고 있다. 어른이 되어서 내가 여기저기 아파 오는 건, 어릴 적 트라우마들과 그 스트레스를 아직 버리지 못한 탓이 아닐까 하는 생각이 들었다. 부모님을 미워하는 시간이 너무 길었다. 그 미움이 결국 나를 해치는 줄도 모르고 나는 부모님을 미워하는 쪽을 택했던 것이다.

〈먹고 기도하고 사랑하라〉의 주인공 리즈 길버트는 자신이 여행을 떠나야 하는 이유를 친구에게 이야기하며 이렇게 외친다.

"나는 사랑할 가슴이 없어!"

이 대사에 너무 공감했다. 내 안에는 미움과 증오가 가득 차 있어서 사랑이 자랄 공간이 없었다. 내가 이 사실을 몰랐다면, 나이가 더 들어서 암환자가 되는 건 당연한 사실이 아니었을까 하는 생각에 잠시 무서웠다. 그때면 박사님도 이 세상에 안 계실 것이다.

살다 보면 안 좋은 일들이 일어난다. 친구가 배신할 수도 있고, 이별을 당할 수도 있다. 정말 기막히고 코막히는 일들이 생긴다. 그때, 유전자들은 다 꺼진다. 그럴 때마다 우리는 의식적으로 알파파가 흐르도록 선택해야 한다.

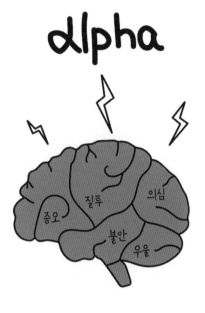

뇌구조 그려 보기

지금 머릿속을 온통 채우고 있는 당신의 생각들을 써 보세요. 당신에게 가장 큰 스트레스를 주고 당신의 감정을 흔들고 있는 것이 무엇인지, 어떤 생각을 가장 먼저 비워야 할지 한눈에 확인할 수 있을 거예요.

노래를 부르고, 아름다운 곳에 갈 수 없다면 사진을 찾아서 보고, 내 몸속에 흐르는 에너지를 바꿔야 한다. 내가 이것저것 스트레스를 풀려고 노력하지 않은 건, 해 봐야 소용없을 거라는 그릇된 믿음 때문이었다. 그러나 이제는 노력해 보기로 했다. 그러면 치유는 내 몸이 알아서 할 것이다.

고통을 다스릴 줄 아는
자가 일류

⌣

　이곳에 있는 사람들은 각종 병을 가지고 있다. 폐암, 유방암, 직장암 등의 각종 암 또는 백혈병, 아토피 등 여러가지 질병들을 고치고 싶어서 온 사람들이 많았기에 사람 수에 따라 고통도 수백 가지다. 암이지만 통증이 없는 사람도 있고, 작은 질병이지만 밤새 고통에 시달려 잠한숨 제대로 못 자는 사람도 있다. 이처럼 병이 크든 작든 간에 개개인이 느끼는 고통 중에서 자신의 고통이 제일 큰 법이다. 그렇지만 고통을 어떻게 마주하느냐에 따라 차도가 달랐다.

　자신의 고통에서 치열하게 벗어나려 애쓰는 한 여인을 만났다. 그분을 처음 만난 건, 저녁 먹기 전 두 시간 정도 댄스를 배우는 시간이었다. 개인에게 자율성을 주는 프로그램이기에 강의 듣는 시간 외의 활동에는 많은 사람이 오지 않는다. 참가자 40명 중에 열 명 남짓만 댄스를 배우러 왔다. 한 번 구경이라도 해 보자는 엄마의 말에 나도 궁금해 따라온 참이다.

나이 드신 분들을 위한 댄스이기에 어려운 동작은 아니지만 일정 시간을 들여 연습을 해야 했다. 잘 외우지 못하면 중간에 헛발을 짚어 혼자만 딴 쪽을 바라보고 있는 부끄러운 상황이 자주 연출되기에 다들 열심히 하셨다.

그런데, 그 열 분 중에서 특히 잘하는 분이 있었다. 작은 키에 머리를 질끈 동여맨, 미소가 예쁜 어머님이었다. 발동작이 헷갈릴 때 그분을 보면서 많이 따라했는데 댄스 수업이 끝나고 나서 생각해 보니 이상한 점이 있었다. 두 시간 동안 한 번도 그분의 목소리를 들은 기억이 없었다.

그렇게 의문을 가지고 있던 차, 저녁 강의가 시작되었다. 정적이 흐르는 분위기를 조금 띄우기 위해 그분이 강의장 맨 앞으로 나갔다. 그러고는 음악에 맞춰 다 같이 연습한 그 춤을 췄다. 그러자 각자 자신이 가진 질병 때문에 침울했던 사람들이 그분을 보며 박수를 치고 응원을 하면서 미소를 지었다. 순식간에 강의장은 열띤 콘서트장으로 변했다.

몇 분 간의 춤 사위가 끝나고 그분은 마이크를 잡았다. 다들 무슨 말을 할까 궁금해했다. 가냘프고 쉰 목소리가 마이크를 통해 흘러나왔다.

"저는 지금 온몸에 암이 퍼져 있어요. 그래서 목소리도 겨우 내고 있지요. 평소에는 머리도 굉장히 아프고 여기저기 통증이 계속 밀려옵니다. 그런데 유일하게 춤 추는 시간에는 머리가 하나도 안 아파요. 그 시간이 끝나고 방에 들어가면 다시 머리가 지끈지끈 아파 와요. 춤 추는 게 즐거워서 그런 것 같습니다. 강의 시간에 제가 뒤에서 몸을 살짝살짝 움직여도 조금만 양해 부탁드립니다."

사람들의 박수갈채가 강의장을 메웠다. 그분의 짧은 이야기가 그곳에 앉아 있는 많은 사람들에게 힘이 되었다. 가끔 산책을 나갈 때면 추운 날씨인데도 불구하고 한쪽에서 음악을 작게 틀어놓고 혼자 춤을 추고 계시는 걸 종종 보곤 한다. 그분은 고통 속에서 불평이 아닌 알파파가 흐르도록 했다. 그리고 그렇게 자신의 고통을 잊기 위해 노력하는 모습이 참 아름다워 보였다.

어떤 사람은 수술을 받고 몸을 움직일 수 없을 때에도 병실에 가만히 누워 있지 않고 움직이려고 애썼다. 우리가 쉽게 걸어갈 수 있는 1m 거리도 그 사람에게는 설악산을 등반하는 것같이 힘든 일이었다고 한다.

"지금 못 걷는다고 침대에 누워 있으면 아무 일도 안 일어나요."

그렇게 그 사람은 바닥을 기어가면서도 오늘은 1m, 내일은 2m씩 가려고 노력했다고 한다. 그리고 현재 병이 다 나아서 멀쩡하게 걸어다니면서 건강한 생활을 하고 있다.

이곳에 온 지 5일째 되는 날, 나에게도 복통이 찾아왔다. 사실 며칠 전부터 그날이 올 것임을 알고 두려워하고 있었다. 가만히 앉아 있기조차 힘든 고통이 지속됐다. 예전엔 진통제 한 알만 먹어도 잘 듣던 통증이 이제는 두세 알을 먹어도 멎을 기미가 안 보였다. 낮에는 그나마 참을 만한데 밤만 되면 통증이 더 심해졌다.

그래서 나는 잠을 푹 잘 수 없었다. 밤만 되면 자다가도 배가 아파서 깨기를 반복했다. 처음에는 그냥 배를 부여잡고 잠자기 위해 애썼다. 그냥 꾹 참았다.

이곳에 계신 지 몇 달이 다 되어 가는 아주머니는 내 이야기를 듣고는 이렇게 말씀하셨다.

"저기 있는 언니 보이지? 저 언니는 가슴 부근이 너무 아파서 밤에 잠을 잘 못 잤어. 그런데 이렇게는 안 되겠다 싶어서 그 부분을 쓸어내리면서 기도했대. 제발 잠 좀 자게 해달라고. 그렇게 기도하다가 어느새 잠에 들었는데 어제는 잠을 푹 잤대."

어김없이 배가 아파 왔다. 나는 스트레칭을 시작했다. 다리를 쫙쫙 늘리고 있으면 신기하게도 통증이 잠시 잊힌다. 그렇게 그날은 다리를 쫙 벌리고 엎드린 채로 잠이 들었다. 그리고 자세가 불편해 잠깐 깼더니 통증이 밀려왔다. 낮에 아주머니가 한 말이 생각났다.

"제발 잠 좀 자게 해주세요, 하면서 아픈 부분을 살살 쓸어 봐."

나는 옆으로 누워 웅크린 채로 배를 다정하게 어루만졌다. 그러고는 눈물을 흘리며 간절히 기도했다.

'하느님, 제발 오늘은 안 아프게, 푹 자게 해주세요.'

나는 이제껏 교회를 싫어했다. 하느님을 믿고 안 믿고와는 별개로 교회 다니는 사람들이 한 번씩 안 좋은 일로 뉴스에 나오는 게 싫었다. 그런데 누구나 그러지 않는가. 평소에 신을 믿지 않는다고 말하면서도 어려운 상황이 닥치면 신을 찾게 되듯이 말이다.

참 이상했다. 나도 모르게 잠이 들었고, 한 번도 깨지 않고 아침 여섯 시가 되어서야 눈을 떴다.

힘든 일이 있을 때, 아프다고 괴로워하기만 하면 안 된다. 아프다고 틀어박혀 있으면 아무것도 해결되지 않는다. 아플 때 춤 추기를 선택한 분처럼, 하루에 1m라도 기어가기를 선택한 분처럼, 안 좋은 상황에 처해 있을 때는 그대로 있지 말고 좋은 생각을 하고 행동을 취해야 한다.

힐링 라디오 💡

경쾌한 곡을 들으면 다양한 감정과 연관되는 뇌 부위들의 혈중 산소 수치가 올라가고 불쾌한 불협화음이 난무한 곡을 들으면 높았던 혈중 산소 수치가 떨어졌다고 합니다. 음악을 활용하여 제대로 작동하지 않는 편도체를 다스릴 수도 있다는 것을 발견한 셈이지요. 때로 감정이 고장난 것 같은 기분을 느낄 때 힐링이 되는 노래를 들어 보세요. 당신만의 힐링송을 만들어 놓는 것도 좋은 방법이랍니다.

우리네 인생도 그렇다. 무기력하다고, 우울하다고 방에서 꼼짝하지 않고 처져 있기만 한다면 아무것도 나아지지 않는다. 문을 열고 세상이 주는 선물인 햇빛을 쬐고 스트레칭도 하면서 밖으로 나가야 한다. 다른 일에 흥미도 가져 보고, 그 일에 집중하다 보면 내가 겪고 있는 불안, 고통, 마음의 병은 점차 잊을 수 있다.

사람은 누구나 저마다의 고통이 있다. 네가 나보다 낫네 어쩌네 할 필요도 없다. 다만, 자신이 처한 고통을 이겨낼 수 있는 방법을 스스로 찾고 실행에 옮겨야 한다. 그리고 그것은 인생을 살면서 어떠한 고통을 맞닥뜨렸을 때 큰 도움이 될 것이다. 고통을 겪어 본 사람은 고통을 어떻게 컨트롤해야 할지를 안다. 그래서 앞으로 더 큰 고통이 와도 언제나 그렇듯 방법을 찾을 것이고, 이겨낼 수 있다.

그리고 그 날, 한 회사로부터 메일이 왔다.

안녕하세요. 운좋은언니 님.
○○○앱에 대한 소개가 가능하신지 문의 드립니다.
진행 가능한 영상 콘텐츠 제작비를 적어서 회신 부탁드립니다.

한 번도 유튜브로 돈을 벌 거란 생각을 한 적이 없었다. 그저 앞으로 무엇을 하며 먹고 살아야 할지 막막해했을 뿐이다. 그런데 설악산 부근에서 걱정없이 마음 편히 지내고 있으니 신은 나에게 또 한 번의 기회를 줬다. 유튜브를 시작한 지 3년이 다 되어 가는 시점에 처음으로 돈을 벌 길이 생긴 것이다.

NEWSTART

⌣

아침 먹고 산책하는 길에 옆 리조트 간판이 눈에 들어왔다.

설악가든 식당
생대구탕 백반정식 삼겹살

삼겹살에 눈이 꽂혔다. 고기 없이 나물 반찬만 먹은 지 6일째 되는 날이었다. 물론 고기 없이도 맛있었다. 그런데 고기를 먹던 습관 탓인지 기름에 좔좔 구운 삼겹살이 너무도 그리웠다.

"엄마, 삼겹살 먹고 들어갈까?"

엄마도 평소에는 안 먹던 삼겹살인데 오늘은 침이 고이는 눈치였다. 엄마는 간판을 한참이나 쳐다보다가 말했다.

"오늘 말고 내일 점심으로 먹자."

이곳에서의 하루 일과는 밥 먹고, 산책하고, 좋은 공기 마시며 강의를 듣는 게 전부다. 이렇게 컴퓨터 없는 곳에서 평온한 하루를 연속으로 보낸 건 정말 오랜만이었다. 영혼이 깨끗해지는 느낌이랄까.

제법 사람들과 친해진 우리는 강의 전 수다를 떨었다. 엄마와 딸 사이가 너무 좋아 보인다며 칭찬과 부러움도 한 몸에 받았다. 그러는 사이 박사님은 강의를 하러 강단 앞으로 나오셨다.

"진선미, 즉 무조건적 사랑은 영적 에너지입니다. 이 영적 에너지는 생체 전자파를 지배해서 베타파를 알파파로 바꿀 수 있어요. 그러면 꺼졌던 유전자가 돌아옵니다. 이렇게 생명이 와서 낫게 하는 것, 이것이 'NEWSTART'의 핵심입니다."

손상된 유전자를 회복시켜 잃었던 본연의 자신을 되찾아 새로운 삶을 누리게 하기 위한 새 출발이란 뜻의 'NEWSTART'를 통해 암 그리고 우울증까지 치료한 사람들의 수가 어마어마하다. 박사님은 뉴스타트에 관한 이야기를 본격적으로 시작하셨다.

"달걀이 부화하는 기본 여건은 뭘까요?"

달걀은 온도가 중요하다고 들었다. 그래서 어미닭이 알을 품어야 하고, 일정시간이 지나면 부화한다.

"엄마닭과 아빠닭의 유전자. 그리고 38도의 온도. 37도여도 안 돼요. 꼭 그 온도가 돼야 해요. 그래야만 달걀이 부화할 수 있는 여건을 갖추는 겁니다. 그래야 '생명'이 들어와요. 콩의 경우에는 흙에 심어야 돼요. 흙에 안 심으면 백 년이 지나도 싹이 안 터요. 이렇듯 '생명'이라는 건 기본 여건이 잘 갖춰져 있어야 들어와요. 그럼 인간에게 생명이 들어오고 유전자가 회복되기 위한 기본 여건은 뭘까요?"

그게 바로 NEWSTART였다. 이 글자는 'N^{Nutrition} 건강식', 'E^{Exer-}

cise 적당한 운동', 'W^Water 맑은 물', 'S^Sunlight 햇빛', 'T^Temperance 절제',
'A^Air 맑은 공기', 'R^Rest 휴식', 'T^Trust in GOD 신뢰'의 약자이다.

"좋은 영양소가 일단 들어와야 해요. 고기보다는 채소를 많이 먹고,
너무 단 음식들을 먹지 않는 게 좋아요. 그리고 세포는 물을 반드시 필
요로 하는데 하루에 2리터씩은 드세요."

나는 지독히도 물을 잘 안 마셨다. 하루에 500ml도 마실까 말까였
다. 맛없는 물을 마실 바에는 콜라나 주스 마시기를 택했다. 아침부
터 얼음 동동 띄운 시원한 콜라를 들이켜는 게 그렇게 상쾌하고 좋았
다. 그런데 얼마 전, 자동차 사고로 온몸에 화상을 입은 이지선 씨의
이야기를 들었다.

"산소 호흡기를 떼고 저에게 물을 주셨는데 일주일 만에 처음 마신
물이 얼마나 시원하고 맛있었는지 몰라요."

물이라는 건 생각할수록 참 신기했다. 어떻게 물이라는 게 이 세상
에 존재해서 우리를 살아있게 하는 걸까. 당연한 거라 생각한 것이 새
삼 소중하게 느껴졌다. 남들보다 배가 작아서 많이 마시지는 못하고
한 번에 많이 못 마시더라도 자주 마셔야겠다고 다짐했다.

"여성들은 기미 생긴다고 싫어하는데 하루에 30분씩 햇빛을 쬐는
거 아주 중요합니다. 햇빛을 쬐어야 밤에 잠을 잘 자요."

퇴사하고 가장 기분이 좋았던 이유는 하루 종일 빛이 안 들어오는
깜깜한 사무실에서 벗어나 낮에 마음껏 돌아다니며 햇빛을 받으면서
산책할 수 있다는 거였다. 어두운 사무실에서 일하다 밖으로 나가면
오랜만에 보는 햇빛에 찡그리고 숨어 버리는 드라큘라 수준이었다.
일이 뭐라고, 이런 자유조차 못 누렸던 게 너무 억울하기도 하고, 아직

까지 컴퓨터 앞만 사수하고 있는 동료들이 안타까웠다.

사람들은 잘 모르는데 햇빛에도 영양소가 있다. 어떤 세균은 아무리 약을 써도 안 죽는데 햇빛만이 그 세균을 죽이는 경우도 있다. 당연하게 주어진 것들이라 감사한 줄 몰랐는데 물도 햇빛도 산소도 다 너무너무 대단하고 소중한 것들이라는 걸 마음속 깊이 깨달았다.

"그리고 절제. '절제'라는 말을 들으면 사람들이 어렵게 생각하는데 '균형'이라고 생각하면 돼요. 예를 들어, 한때 암에는 비타민을 섭취하는 게 좋다고 방송에 나와서 먹는 것뿐 아니라 주사로도 맞는 게 유행이었어요. 그런데 사실 비타민을 과다 복용하면 좋은 건 하나도 없어요. 우리에게 충분한 영양소는 음식으로 이미 섭취가 다 되는 거예요. 따로 챙겨서 먹을 필요가 없어요. 절대 과하면 안 됩니다. 뭐든지 적당해야 해요."

이 말을 들으니 유튜브를 배우러 오신 할아버지가 생각났다. 그분이 나았다고 하는 방식이 많은 운동과 비타민 섭취 그리고 MSN이라는 항산화 효과가 있다는 가루였다. 그리고 더 나아가 병원에서 일주일에 세 번씩 비타민 주사를 맞으셨단다. 그런데 '절제'의 원칙에 따르면 이분은 비타민 과다 섭취였기에 기본 여건을 지키지 못한 것이다. 그러면 어떻게 나으신 걸까?

박사님은 손가락을 허공에 가리키며 말했다.

"제가 이렇게 공기 좋은 곳에서 프로그램을 진행하는 이유가 뭐겠어요? 도시에서 벗어나 좋은 공기를 마셔야 하는 게 기본 여건이기 때문에 그렇습니다. 지금 휴식 취하고 있죠? 여기에서 며칠 지내는 것만으로도 모든 기본 여건이 충족되는 거예요. 그런데 NEWSTART 중에서 가장 중요한 건 뭘까요?"

마지막 하나 남은 건 T^{Trust}, 신뢰였다.

"믿음입니다. 믿음이 없으면 이 앞의 것들을 아무리 철저히 지켜
도 소용이 없어요."

따지고 보면 그 할아버지는 사실 비타민과 MSN으로 나으신 게 아
니었다. 절제는 안 됐더라도 자신은 반드시 나을 거라는 걸 철저히 믿
었을 것이다. 그 강력한 믿음은 다른 부분들이 조금 과했더라도 커버
가 가능했던 것이다.

"우리의 몸 안에서 일어나는 복잡한 신진대사와 세포들, 유전자들
이 하는 일들은 인간이 만들 수 있는 게 아니에요. 절대적인 신이 몸
이 알아서 잘 굴러갈 수 있도록 만든 겁니다. 진선미 그리고 사랑의
에너지가 세포 속의 유전자를 자극시켜서 우리 몸속의 신진대사를 정
확하게 조절합니다."

생각해 보면 내 몸이 알아서 모든 걸 조절했다. 더울 때는 땀을 흘
려서 체온을 조절했고, 몸에 세균이 들어왔을 때 이를 무찌르려고 몸
에서 격렬한 전투를 벌였다. 그런데 정말, 이렇게 몸의 기능들이 알아
서 조절하는 건 누가 만든 걸까? 안타깝게도 내 몸을 작동하는 유전자
스위치들을 누가 어떻게 조절하고 있는 건지 현대의학은 아직도 밝혀
내지 못했다. 박사님 말에 따르면, 사람이 몸을 알아서 조절하는 거라
고 말하는 건 사람이 컴퓨터를 만지지도 않는데 알아서 켜지고 마우
스가 눌러졌다는 말과 같은 것이라고 설명했다.

박사님은 믿음 중에서도 '신에 대한 믿음'을 강조했다. 사람들은
신을 무서운 존재라고 인식한다. '나쁜 생각을 하면 벌 받을 거야.'라

며 잘못했을 때 사람들을 심판하는 존재라고 생각한다. 그러나 신은 그렇지 않다는 걸 깨달아야 한다. 나에게 선을 베푸는 존재라고 생각해야 한다.

민음에는 여러 종류가 있다. 부모가 날 사랑한다는 믿음, 몸이 나을 거라는 믿음, 신이 날 사랑하고 있고 내가 낫기를 간절히 바란다는 믿음. 그 믿음으로 만들어진 가슴이 따뜻해지는 느낌이 사람을 살게 만드는 원동력이다.

한때 유명했던 자기계발서 『노먼 빈센트 필의 긍정적 사고방식』을 보면 놀라운 이야기가 담겨 있다. 이유 없이 발가락이 아팠던 남자는 자신의 발가락을 치료하기 위해 이 병원 저 병원을 찾아다닌다. 그러나 어떤 의사도 발가락이 아픈 원인과 치료 방법을 찾아내지 못한다. 그러던 어느 날, 그는 자신의 아픈 발가락을 보며 이렇게 말했다.

'하느님, 저는 이 발가락을 당신의 공장으로 돌려보냅니다. 당신께서 이 발가락을 제조하셨습니다. 그러니 특별한 다른 문제가 없다면 저는 제 발가락이 한시라도 빨리 제대로 된 수리를 받았으면 합니다.'

그는 신의 존재를 믿었고, 사람의 힘으로 어찌할 수 없는 일이기에 신에게 맡겼다. 그리고 얼마 뒤, 신기하게도 그의 발가락이 정말로 나았다. 이런 것을 우리는 '기적'이라고 말한다. 가끔 이런 놀라운 일들이 평범한 사람들 사이에서 일어난다. 의학기술도 중요하지만, 신을 믿고, 기적이 있음을 믿고, 신의 사랑을 느끼는 것, 그리고 매일을 즐겁게 사는 것, 이것이 우리가 인생을 살아가는 데 꼭 알아야 할 것들 아닐까.

"뉴스타트를 철저히 지키는 데 급급해서 스트레스를 받는다? 이건

먹고 싶다...

잘 자는 법 둘, 과식은 금물

너무 늦은 시간 식사는 불면으로 이어지기 쉽습니다. 잠들기 두 시간 전에는 식사를 끝내고 과식하지 않는 것이 좋습니다. 또한 알코올은 분해하는 데 두 시간 이상 걸리므로 피하는 것이 좋습니다. 숙면을 위한 여러 치료법 중 하나로 마그네슘 섭취가 있습니다. 마그네슘은 인체에서 네 번째로 함유량이 많은 다량 무기질로 천연 진정제 역할을 하고 흥분을 가라앉히는 작용을 하는데요, 숙면을 취할 목적으로 마그네슘을 충분히 섭취하려면 보충제를 통한 섭취보다는 음식을 통해 섭취하는 것이 좋습니다. 마그네슘은 녹색을 띠는 채소, 곡류와 콩류, 견과류에 많이 들어 있습니다.

뉴스타트를 잘못 이해하고 있는 거예요."

마지막으로 박사님은 한 가지를 덧붙였다.

"여러분, 삼겹살이 그렇게 맛있다면서요? 저는 먹어 본 적이 없어요. 그 기름 줄줄 흐르는 게 내 몸에 들어가 혈관을 얼마나 막히게 하는 줄 아세요? 저녁에 그 기름진 걸 먹고 자면 피가 끈적해져서 혈액 공급이 제대로 안 되니까 당연히 그 다음 날 뻐근해 죽지."

엄마와 나는 눈빛을 교환했다. 신은 어찌 알고 박사님의 입에서 삼겹살 먹지 말라는 말을 하게 한 건지. 엄마와 나는 그 자리에서 삼겹살에 대한 생각을 접었다.

죽음의 문턱을 넘은 사람 1
– 뉴스타트로 난소암을 이겨낸 자매

"암에 걸려서 참 다행이에요."

동생은 사람들 앞에서 말했다. 언니는 그런 동생을 바라보며 흐뭇해했다. 동생은 과거를 회상하며 이야기를 시작했다.

"스물일곱 살 때였어요. 당시에 언니랑 같이 파리바게트를 운영하고 있었어요. 그때만 해도 메이커 매장이 많이 없었어요. 그래서 가게가 정말 잘 됐고, 돈도 많이 벌었어요. 그런데 5년째 되는 해에 몸이 갑자기 안 좋아졌어요."

그녀는 그 누구보다 열심히 살았다. 아침 6시부터 저녁 12시까지 일했고, 잠은 네 시간 정도 잤다. 휴일도 없이 일했고, '연중무휴'라는 말을 자랑스럽게 여겼다.

그녀는 초등학생 때 육상선수를 할 만큼 건강해서 어른이 되어서도 병원 한 번 가 보지 않았다. 그런데 어느 날부터 저녁이 되면 먹은 걸 토했고, 열이 나기도 했다. 집에 가면 아무 힘이 없어 누워 있곤 했는데 피곤해서 그런 거라 생각했다. 그런데 증세가 점점 심각해졌다.

"병원에 가니까 의사가 위염이라고 하더라고요. 그래서 별일 아닌 듯 집에 와 며칠 동안 약을 먹었죠. 그런데 살은 계속 빠졌어요."

나을 기미가 보이지 않자, 이번에는 산부인과로 향했다. 의사는 난소와 방광 사이에 물이 차 있으니 물을 말리는 약을 주겠다고 했다.

의사의 말에 신뢰가 안 갔던 그녀는 서울에 있는 큰 병원으로 향했다. 그런데 그곳에서도 의사는 같은 진단을 내렸고, 별것 아니니 간단하게 수술을 하자고 했다. 그렇게 안심하고 수술을 받았다. 그리고 마취에서 깬 그녀는 자신의 배를 보고 깜짝 놀랐다.

"20cm 정도의 지네 같은 선이 배에 생겨 있더라고요. 6인실이었는데 주위에는 머리가 다 빠진 분들이 누워 있었어요. 정신이 없는 와중에 알았어요. 내가 암이구나…."

의사도 배 안을 보고서야 난소가 이미 암 덩이로 변해 있고, 임파선까지 모조리 번졌다는 걸 알았다. 열두 시간의 개복 수술이 이어졌고, 그녀가 마취로 아무것도 몰랐던 사이, 그렇게 일은 서둘러 진행되었다. 그리고 수술 후 다 낫기도 전에 항암 스케줄은 이미 짜여 있었다.

"그렇게 힘든 와중에 항암을 시작했어요. 그때만 해도 항암을 하면 나을 거라 생각했거든요. 항암을 한 다음 날 일어나 보니, 긴 머리카락이 수세미처럼 뭉쳐서 떨어져 있더라고요. 암이라는 사실보다 머리카락 떨어진 모습에 상실감이 더 컸어요. 그 후로도 병원만 보면 미식거리고 울렁거리고. 그렇게 항암을 열두 번 정도 했습니다."

그 힘든 시기를 버틸 수 있었던 건 가족의 사랑 덕분이었다고 했다. 그녀는 가족이 자신을 이만큼 사랑하는지 미처 몰랐다. 항암제를 맞으면서 가족이 있어서 참 행복하다는 걸 깨달았다.

그리고 그즈음, 그녀의 언니도 똑같이 난소암 진단을 받았다. 언니는 수소문 끝에 뉴스타트 프로그램을 알게 되었고, 움직이기 힘든 동생을 놔두고 이상구 박사님을 만나러 갔다. 무신론자였던 언니는 그곳에서 처음으로 기도를 했다.

"하느님이 존재한다면, 그걸 알게 해주십시오."

그녀는 이상구 박사님의 말에 따라 뉴스타트를 시작하고 40일 뒤, 병원에 가서 검진을 받았다. 그런데 신기하게도 암세포가 다 정상세포로 돌아와 있었다. 수술이나 항암 없이 암이 사라진 것이다. 의사가 깨끗한 검진 결과를 보여줄 때, 언니는 어딘가로부터 이런 음성을 들었다.

소희야, 내가 살아 있지?

그런데 열두 번의 항암을 마친 동생은 아직 병원에 있었다. 항암을 하면 다 나을 거라는 믿음과는 달리 의사는 고개를 갸우뚱거리며 지금 증세가 심각하니 항암을 더 해야 한다고 했다. 무균실에서 항암주사 한 번이 4,000만 원이었다.

"모든 몸의 기능이 떨어진 상태에서 또 항암이라니…. 그때 처음으로 생각했어요. 이러다 죽겠구나."

언니는 동생에게 자신의 경험을 전해 줬고, 동생의 손을 잡고 뉴스타트로 향했다.

"뉴스타트에 와서야 제가 암에 걸릴 수밖에 없는 생활을 하고 살았다는 걸 알았어요. 뉴스타트 여덟 가지 중 지키고 있는 게 하나도 없었어요. 모조리 반대로 했더라고요. 건강식이라는 걸 생각해 본 적도 없어요. 아침부터 피자를 먹고, 영양갱, 초코바 등 단 걸 입에 달고 살았어요. 물도 안 마시고 우유, 커피, 콜라 같은 걸로 대체해서 마셨어요."

요즘 많은 사람들의 식습관과 비슷했다. 아침부터 피자를 먹지 않더라도 삼겹살 등 기름진 고기 반찬은 필수로 먹고, 달달한 디저트를 입에 달고 산다.

"제가 파리바게트를 한 이유가 뭔지 아세요? 빵을 너무 좋아해서예요. 매일 하루도 빠지지 않고 튀긴 빵을 먹었어요. 야식으로는 고기도 먹으러 다녔고, 운동할 시간도 없었어요. 햇빛을 쬘 일도 없었죠. 연중무휴 일했으니까요. 돈 버는 게 중요한 줄 알았고, 사람들이 칭찬하니까 그게 자랑스러웠어요. 그래서 휴식은 게으른 사람들이나 하는 거라 생각했어요. 남들 놀 때 일하자 생각하며 살았으니까요."

그랬던 그녀가 뉴스타트 센터에서는 밤 8시가 되면 자리에 누웠다. 그리고 항암을 한 뒤로는 100m도 걷지 못했는데 이곳에서는 매일 걷기 시작했다. 그리고 언니의 도움으로 그녀는 한 달 만에 산 정상에 올랐다.

"일반인들에게는 쉬울지 몰라도 저에게는 산 정상에 올랐다는 건 희망의 시작이었어요."

그녀는 항암을 하면서 자신감을 잃었고, 스스로 아무것도 할 수 없는 사람이라고 생각했다. 그러나 건강한 생활을 시작하면서 몸도 얼굴도 점점 좋아지기 시작했다.

3개월 정도 지난 후, 성경 구절을 듣는데 그 말이 자신의 몸에 새겨지는 듯한 느낌을 받았다. 그때 그녀는 자신이 살 수 있을 거라는 걸 믿게 되었다. 그녀는 이 세상 모든 게 아름다워 보였고, 모든 자연의 모습들이 그녀에게 주는 선물 같았다 느꼈으며, 아름다움을 내면화했다. 그녀는 드디어 행복해졌다.

그렇게 뉴스타트를 열심히 하고 6개월 정도 지났을 때, 그녀는 병원에서 실시한 검사에서 모든 것이 정상으로 돌아왔다는 판정을 받았다.

"그 이후로 한 번의 재발 없이 건강하게 살고 있어요."

그리고 2년이 지난 어느 날, 불현듯 불안함과 공포감에 시달렸다.

"일주일 동안 안 좋은 생각만 들었어요. 난 암에도 걸렸었고, 난소가 없어서 아이도 못 낳는데 앞으로 어떻게 살지?"

그렇게 우울해하고 있는데 의사는 그녀에게 여성 호르몬제를 권했다. 의사는 두려워하는 그녀에게 이렇게 진단했다.

"호르몬제를 안 먹으니까 그런 생각들이 드는 거예요. 이걸 안 먹으면 몸도 남성스럽게 변할 수 있어요."

의사는 환자에게 더 큰 두려움을 심어 줬다. 그런데 호르몬제를 먹었을 때 부작용이 있다. 유방암에 걸릴 위험이 있다는 것이다. 그녀는 아이러니하게도 유방암보다 남성스럽게 변하는 게 더 무서웠다. 의사가 말한 건 사실이다. 그래서 난소가 없는 수많은 난소암 환자들이 여성 호르몬제를 먹는다. 그런데 뉴스타트를 하고 스스로가 호르몬제 없이도 괜찮다는 믿음을 가지면 여성 호르몬을 만들어 내는 유전자 스위치가 켜지면서 난소가 없이도 여성 호르몬이 나온다.

엄마도 폐경이 온 후에 병원에서 여성 호르몬제를 처방받았다. 그런데 그걸 먹고 나서부터 기분이 계속 이상하고 몸도 찝찝하더라고 했다. 의사 말로는 안 먹으면 큰일 난다고 말했지만 엄마는 그 약을 끊었다. 그리고 지금 아무런 걱정 없이 건강하게 잘 살고 있다. 아직도 예쁜 모습의 소녀 같다.

어떻게 해야 할지 고민하다가 그녀는 예전에 자신이 암과 마주했을 때를 떠올리며 똑같이 기도했다.

"하느님, 저 호르몬제 안 먹을 테니까 예쁘고 여성스럽게 만들어 주세요. 그러실 수 있죠?"

그렇게 기도하고 약을 끊었다. 약을 끊으니까 어깨가 넓어지는 것 같고, 털도 나는 것 같고 약간의 불안감이 있었지만 그래도 신이 나를 보살필 거라는 믿음으로 호르몬제를 먹지 않았다. 지금 그녀는 누가 봐도 여성스럽고, 그 누구보다도 건강하게 살고 있다.

"박사님이 부신피질이랑 지방에서 여성호르몬이 나온다고 걱정하지 말라고 하시더라고요"

그녀는 그 이후로 15년이 넘는 기간 동안 뉴스타트 센터에서 봉사를 했다.

"아기를 못 낳아도 사람들을 도와주면서 그 기쁨을 느껴요. 이제야 제가 살아 있는 의미를 찾았어요."

최근 그녀는 신에게 선물을 받았다. 언니도 그녀도 긍정적으로 살다 보니 좋은 사람이 나타나 결혼해서 행복한 생활을 하고 있다. 자신을 끔찍하게 아끼는 남편과 공기 좋은 곳에 집을 짓고 사는 모습이 참 좋아 보였다.

NEWSTART는 공짜라니까!

"제가 이 '신뢰' 때문에 손해 본 게 많습니다."

박사님은 고개를 저으며 사람들에게 말했다. 손해라니… 이게 무슨 소린가 싶었다.

"여러분, 저처럼 유명해지면 돈은 많이 벌게 되어 있습니다. 그 당시에 많은 사람들이 그랬어요. '이상구 박사 이제 돈방석에 앉게 생겼구나!'라고요."

대부분이 그렇게 생각했을 것이다. 유명세만큼 각종 광고에 이름값으로 돈 벌 수 있는 방법은 수천 가지다. 그 누구라도 돈을 벌 수 있다면 자신의 유명세로 무엇이든 잡았을 것이다.

"그런데 돈방석에 못 앉았어요. 왜 그럴까요? 사람들이 여기저기서 만나자고 하고, 건강식품이나 건강 도시락 만드는 데 이름만 빌려 달래요. 그러면 이윤의 40%를 준다고요."

흔히 TV나 인터넷 배너에 보이는 'OOO이 강력 추천하는 오메가

3'와 같은 광고들이 생각났다.

"그런데 제가 무엇을 가르치는 사람입니까? 생명과 기본 여건에 관해 가르치는 사람입니다."

박사님은 이러한 제안을 받았을 때가 다시 생각났는지 어이없어하는 표정으로 눈을 크게 뜨면서 말했다.

"NEWSTART는 공짜라니까!"

진짜 그랬다. 박사님이 가르쳐 준 방법에는 돈이 들어가는 게 없었다. 운동도 공짜, 공기도 공짜, 햇빛도 공짜였다. 우리가 살아가는 기본 여건들은 대부분 세상에 공짜로 주어진 것이다. 그 말을 들으니 속이 시원했다.

"강의장 한 구석에 제 이름 건 건강식품 놓고 팔면 잘 팔릴 거예요. 그런데 그런 거 먹고 병이 낫는 게 아닙니다."

이것이 진리였다. 이 간단한 진리를 모르면 이게 좋다 저게 좋다 하는 것들에 자꾸 휩쓸리게 된다. 카더라 통신에 자꾸 돈을 쓰고, 나중에 낫지 않으면 낙담하고 포기한다.

"그래서 이 길로 들어서는 의사들이 참 힘들어요. 돈 벌 수 있는 구조가 아니거든요. 근데 다행히 저는 미국에서 돈을 많이 벌어 놨기 때문에 이렇게 프로그램도 운영할 수 있는 거예요. 만약에 제가 돈 벌려고 이것저것 광고한다면 사람들이 절 믿고 뉴스타트를 할 수 있을까요?"

우리 나라에서 이런 사람이 몇이나 될까? 우리 가족은 박사님이 살아 계실 때 이렇게 박사님을 알게 되어 프로그램에 참여할 수 있게 된 것에 감사했다.

"그러니까 여러분, NEWSTART를 잘 하세요. 숨도 그냥 쉬지 말고 깊게 쉬세요. 산책할 때도 복식호흡을 하면서 걸으세요. 그런데 여자들은 좀 힘들 거예요. 수다 떠는 게 재밌어서. 허허허."

이 말을 듣는데 너무 웃겼다. 꼭 나를 보는 것 같아서. 잠시도 지루한 게 싫어서 엄마랑도 재잘거리면서 산책하곤 했다.

"휴식할 때도 그래요. '쉬세요' 하면 시시하게 쉬어요. 티비 보고 휴대폰 들여다보고 그러는데 저는 그냥 드러누워요. 30분 동안 안대 끼고 낮잠 자세요. 저는 이 원칙을 철저히 지키며 살고 있어요. 그러면 저처럼 아침이랑 저녁에 힘 나게 강의할 수 있어요!"

박사님은 이 말을 하면서 엉덩이를 씰룩씰룩 움직이셨다.

〈패치 아담스〉라는 영화를 본 적이 있다. 사람들을 웃게 해주는 의사가 되기 위해 권위적인 의사들에 맞서서 자신을 낮추고 우스꽝스러운 모습으로 환자들에게 재미를 준다. 박사님에게서 패치 아담스의 모습이 언뜻 보였다. 선비처럼 가만히 서서 좋은 내용을 읊는 사람이 아니었다. 조금이라도 재미를 줘서 환자들에게 알파파가 흐르도록 하려고 노력하는 사람이었다.

그 모습을 보면서 나는 사람들에게 웃음을 주는 직업을 가진 사람들을 다시 생각하게 되었다. 나도 이제껏 진지한 게 좋은 거라 생각했다. 그러면 사람들이 나를 더 존중해 줄 거라 생각했다. 그런데 사람의 마음을 움직이는 건 그런 게 아니었다. 웃음을 줄 수 있는 사람이 이론적인 이야기를 늘어놓는 사람보다 훨씬 똑똑한 사람이다.

뇌에 알파파가 흐르게 하기

1. 좋은 내용의 노래 따라 부르기

슬프고 한이 많은 발라드보다는 희망찬 가사를 선택하자. 사랑과 감사가 느껴지는 기분 좋은 노래를 부르다 보면 신경질적인 뇌파가 어느새 잔잔한 뇌파로 바뀌어 있을 것이다.

2. 따뜻한 물로 목욕하기

목욕할 때 신진대사는 활발해지고, 운동한 것처럼 스트레스도 해소된다. 목욕을 주 1회 하는 사람보다 4회 이상 했던 사람이 염증 수치도 내려가고 혈당 수치도 내려갔다는 연구 결과가 있다. 기분이 안 좋아 보이던 친구가 샤워만 하고 나왔는데 콧노래를 부르고 있는 걸 목격했다. 기분이 안 좋을 땐 목욕을 하자.

3. 사랑이 느껴지는 영화 보기

범죄 스릴러는 심장을 두근거리게 하는 만큼 스트레스를 준다. 반대로 마음이 따뜻해지는 영상을 많이 본 사람은 눈빛이 선하고 잔잔하다. 이별을 했을 때도, 누군가에게 상처를 받았을 때도 언제나 나를 달래준 건 따뜻한 심장을 가진 주인공이었다. 그래야 상대에 대한 미움과 증오가 나를 잠식시키지 않는다.

4. 스스로를 힘나게 하는 선언문 외우기

사람마다 자신을 북돋는 문장은 다르다. 자신을 기분 좋게 하고, 힘이 나게 하는 문장 세 가지를 갖고 다닐 수 있는 노트나 휴대폰 메모장에 적어 놓고 시간이 날 때마다 외쳐 보자. 사람은 의외로 단순해서 입 밖으로 꺼내는 것만으로도 큰 힘이 난다.

5. 좋은 강의 듣기

사람은 새로운 것을 알게 될 때 감탄사가 튀어나오고, 새로운 방향에 대해 모색하면서 희망을 갖는다. 좋은 강의는 힘이 솟게 만들어 준다. 강의를 한 번만 들으면 잘 잊어버리기 때문에 마음을 편안하게 하고 안정시켜 주는 강의들을 자주 반복해서 무의식이 기억할 때까지 들어야 한다.

Chapter 3
사랑을 선택하다

나도
사랑할 수 있을까

⌣

학창시절의 길고 긴 여정을 함께했던 해리포터 영화 중 명장면을 꼽으라면 나는 1초의 망설임도 없이 덤블도어 교수와 스네이프 교수가 함께 이야기했던 장면을 선택할 것이다. 둘의 대화 중 덤블도어 교수는 이렇게 묻는다.

"릴리를 아직까지도 사랑하나?"

그리고 스네이프 교수의 잊지 못할 명대사 "Always."

그 한 마디에 몇 년에 걸쳐서 스네이프 교수가 해리에게 했던 모든 행동이 이해되고 용서되면서 뜨거운 눈물이 흐르는 신기한 경험을 했다. 사랑 이외의 어떤 것이 이토록 사람에게 감동을 줄 수 있을까?

1988년 올림픽이 열리던 해, 나라는 경사였지만 이를 즐기지 못한 한 여성이 있었다. 누구나 그러하듯 어떻게 하면 더 좋은 아파트에서 살까, 남들보다 더 뛰어난 업적을 남길 수 있을까를 생각하며 살았던 그녀에게 큰 일이 닥쳤다.

"직장암입니다."

아직은 어린 나이인 서른세 살에 자신이 암에 걸렸다는 이야기를 들은 그녀는 충격을 받았다. 결국, 그녀는 직장을 다 자르는 수술을 받았다. 그 독한 방사선도 여러 차례 하다 보니 온몸이 열에 구워지다시피 해 소변을 보면 피가 나오고, 설사도 끊임없이 나왔다.

"어떻게 하면 더 좋은 아파트에서 살까, 그런 고민을 하곤 했었어요. 그런데 죽음이 딱 내 앞에 오니까 명예, 돈 그런 게 아무 의미가 없다는 걸 알겠더라고요."

그렇게 오늘내일 할 몸을 가지고 있는 와중, 남편이 일본의 주재원으로 발령이 났다. 아이들을 데리고 온 가족이 일본에서 살았는데, 참 쉽지 않았다고 한다. 방사선 후유증에 설사에 자지도 못 하고 먹지도 못하는 삶이 계속 이어졌다. 그녀가 하루 중 가장 오랜 시간을 보낸 곳은 화장실이었는데 너무 고통이 심하자 자연스럽게 하늘에 기도를 하게 되었다.

"하느님, 저 너무 아파요. 진짜 아파요. 저는 정말 어떡하면 좋을까요. 모든 현대의학을 다 동원해도 안 되는 이 고통을 어떻게 해야 할까요."

고칠 수 있다고 믿었던 병원에서조차 달리 해줄 게 없다는 말을 들었을 때, 그녀는 얼마나 상심이 컸을까. 그래서 그녀는 신을 찾았다. 마치 드라마 〈도깨비〉에서 은탁이의 엄마가 교통사고로 죽기 직전 신을 찾았던 것처럼. 신이 있다면, 신이 나에게 관대하다면, 이 고통을 끝내게 해달라고 빌고 또 빌었다. 그리고 소문으로만 들었던 이상구 박사님을 한 번만 뵙게 해달라고 하늘에 간절히 기도했다. 그런데 정말 신기하게도 박사님은 그 시기에 일본에 강의를 하러 오셨고, 박사님의 강의를 들은 그녀는 사랑의 힘에 대해 알게 되었다.

그렇게 지내던 와중, 일본 유치원에 다니는 자신의 아이들이 한국 인이라는 이유로 왕따를 당하고 와 엉엉 울었다. 머리에 온통 모래를 뒤집어 쓰고 "한국으로 가! 빠가야로!"라는 말을 들었다며 울며 서 있는 아이를 보며 그녀는 괴롭힌 아이들을 욕하기보다는 그냥 아무 말 없이 안아주고 달래 줬다. 그리고 그녀는 유치원에 직접 찾아가 왕따를 주도한 아이들 한 명 한 명에게 말했다.

"야마다 상, 우리 아이 잘 부탁해."

소중한 자식의 마음을 아프게 한 아이들이지만 미워하지 않고 사랑으로 감싸 안았다. 그리고 아직 낫지 못한 몸으로 하루하루를 살아가면서 자신이 언제 죽을지 모른다는 생각이 들 때면 이 세상을 떠나기 전에 아이들에게 '사랑'이 무엇인지 알려 주고 가야겠다는 생각을 했다.

"시간이 날 때마다 길가에 핀 꽃, 풀, 그리고 하늘을 보며 신이 이 세상을 얼마나 아름답게 만들었는지 알려 줬어요. 그리고 모든 생명을 중요시하는 마음을 갖게 해줬지요. 이 세상 모든 것들은 신의 사랑으로 이루어져 있거든요."

신의 존재를 믿든 안 믿든 간에 어릴 적부터 '사랑'을 알려 주고자 노력하는 부모님이 몇이나 될까.

그렇게 세상의 사랑을 먹고 자란 아이는 4년 후, 초등학교 1학년이 되었다. 당시 일본 문교부에서는 아이 15만 명을 대상으로 큰 사생대회를 열었다. 주제는 '이 세상에 존재하지 않는 꽃을 그려라'였다. 대회에서 당선되면 일본 교과서에 그림이 실리는 영광을 얻을 수 있는 큰 대회였다. 그런데 놀랍게도 심사위원 열 명이 모두 그녀의 아이 그림을 선정한 것이다. 그림을 선정한 이유를 심사위원은 이렇게 설명했다.

"꽃에서 사랑이 느껴져요."

그런데 기쁨도 잠시였다. 그 당시 일본에서는 한국 아이가 그린 그림을 일본 교과서에 싣느냐 마느냐 하는 공방이 이어졌다. 긴 회의 끝에 '그림에는 국경이 없다'는 판단이 내려졌고, 이 그림을 본 많은 일본 학생들이 사랑을 느꼈으면 한다는 말을 덧붙였다. 그렇게 아이의 그림은 일본 교과서에 실리게 되었다.

그 이후로 사람들은 그녀를 보고 훌륭하다고, 아이를 어떻게 그렇게 잘 키웠냐고 물으며 존경심을 갖고 대해 줬다. 그러나 몸이 아픈 그녀가 아이에게 대회에서 상 타는 법 같은 걸 알려 줬을 리 없다. 오직 그녀가 한 것은 아이에게 '사랑'을 알려 준 것밖에 없다. 아이는 꽃을 정말 사랑했다. 그리고 그 아이만이 세상에 존재하지 않은 아름다운 꽃을 생각해 낼 수 있었다.

"젊은 시절 명예를 좇을 때는 온갖 스트레스로 사는 게 힘들었어요. 그런데 지금은 그런 생각 없이 사랑으로만 모든 것들을 대하니까 명예는 저절로 따라오더라고요."

〈이 세상에 없는 꽃〉

별이 꽃씨앗이고 줄기를 따라 여러 꽃이 피어요. 노래하는 꽃, 등불꽃, 달팽이꽃, 잠자리꽃, 고래꽃, 물고기가 노는 꽃에서 어린이와 어른이 행복하게 지내는 꽃이요.

그녀는 다행히도 30년이 지난 지금 설악산 근처에서 여전히 뉴스타트를 실천하며 건강하게 살고 있다. 가끔 그녀는 이상구 박사님을 보러 강의에 참여한다. 처음 그분을 봤을 때 나는 천사가 하늘에서 내려왔나 느낄 만큼 선함이 가득했다.

"저는 영화도 아름다운 내용이 있는 것만 봐요."

그녀의 표정은 무뚝뚝한 표정의 일반 사람들과는 다르다. 60이 넘은 나이에도 어쩜 저렇게 아이 같은 표정과 말투, 부드러운 행동들이 나오는지 신기할 따름이다. 나이가 들수록 외모보다는 평소에 어떤 생각과 마음을 갖는지 얼굴에 드러난다고 했는데, 그분을 보면 그 말이 정말 딱 들어맞았다.

나는 세상에서 제일 어려운 게 사랑이었다. 남자친구를 사귀어도 '사랑해'라는 말이 잘 안 나왔다. 진짜 내가 그를 사랑하는지 확신이 안 섰다. 나는 무슨 일이 생기면 나를 먼저 생각하는 사람인데 내가 그를 사랑한다고 말할 수 있을까 고민했다.

어느 날, 친하게 지냈던 남자 선배에게 물었다.

"누군가를 정말 사랑한다고 느껴 본 적 있어요?"

"당연히 있지. 누군가를 사랑하면 내 모든 걸 내어 줄 수 있다는 생각이 들어. 그리고 아무리 줘도 내가 줄 수 있는 게 부족하다고 느껴져."

나는 이제껏 상대가 사랑한다고 말하면 입술을 짓이겨 가며 사랑한다는 말을 얼버무리며 말했다.

사랑이 숭고하고 아름답다는 건 이론적으로 알겠는데 도대체 어떤 느낌인지는 잘 몰랐다. 사랑이라는 게 뭔지 살면서 한 번쯤은 느낄 수 있을까?

돌아온
탕자 이야기

⌣

"우리 인간이 흔히 하는 사랑은 상당히 조건적이에요. 내 말 들으면 잘해 주고, 내 말 안 들으면 미워하고. 사랑은 눈물의 씨앗이라는 노래도 있잖아요."

나는 그래서 사람을 잘 믿지 못한다. 변덕스러운 감정을 가진 게 사람인지라 방금 사랑을 외쳐 놓고는 말다툼을 하면 모진 말을 내뱉곤 한다. 나 또한 그랬다. 내 의도에 따라 관계가 발전되면 좋아했고, 내 사상과 반대되는 행동을 하면 헤어질까 고민했다. 강의장에 앉아 있는 사람들 대부분이 인생을 오래 살아서 그런지 박사님의 말에 공감했다.

"그런 사랑은 진짜 사랑이라고 할 수 없어요. 진짜 사랑은 무조건적인 사랑입니다. 그 사랑이 뭔지 알려 줄게요."

박사님은 컴퓨터로 성경의 한 구절인 '돌아온 탕자' 이야기의 부분을 보여주셨다.

'이 제목 어디서 들어 봤는데?'

생각해 보니 엄마가 감명받고 나에게 틈틈이 보여줬던 그 그림이다! 빛의 화가라고 불리는 렘브란트가 그린 〈돌아온 탕자〉. 이 그림이 원래 성서 이야기를 주제로 그린 그림이라는 건 처음 알았다.

〈돌아온 탕자〉는 집을 떠났던 아들이 거름뱅이 차림으로 돌아와 아버지의 품에 안긴 장면을 표현한 모습이다. 머리가 벗겨진 채로 안겨 있는 아들은 둘째 아들이고 그 옆에서 못마땅한 얼굴로 이 모습을 보고 있는 사람은 큰아들이다. 언뜻 보면 부성애를 표현했다고 생각하기 쉽지만 박사님의 이야기를 듣고 이 그림에는 좀 더 깊은 뜻이 숨겨져 있다는 걸 알았다.

어떤 사람에게 두 아들이 있었다. 그중 둘째 아들이 아버지에게 말한다. "내 몫의 재산을 미리 주세요." 아버지는 둘째 아들에게 그 살림을 나눠 줬다. 며칠이 지나서 둘째 아들은 그 재산을 들고 먼 객지로 떠났고, 방탕한 생활로 받은 재산을 다 탕진한다. 힘들게 목숨을 연명하고서야 비로소 정신이 들어 아버지한테 돌아온다. 돌아온 아들을 보며 아버지는 아들을 포용한다. 그러자 아버지 곁을 지키며 지냈던 큰아들은 그 모습을 못마땅해한다. 그때 아버지는 이렇게 말한다.

"얘, 너는 항상 나와 함께 있으니 내 것이 다 네 것이다."

박사님은 두 번째 줄까지만 읽고 사람들을 바라봤다.

"이 둘째 줄까지만 봐도 이 구절이 말하고자 하는 바는 끝나요. 실제 사회에서 이런 놈이 있으면 재산 줘야 돼요, 안 줘야 돼요?"

사람들은 자신이 겪은 일인 양 크게 외치며 대답했다.

"주면 안 되죠!"

박사님은 사람들의 말에 공감하는 듯한 표정을 지으며 말을 이어 갔다.

"나쁜 놈이죠? 아버지가 아직 죽지도 않았는데 재산을 달라고 하잖 아요. 그런데 성경에서 하는 이야기는 우리가 흔히 하는 상식적인 이 야기가 아니에요. 잘 들어보세요. 둘째 아들이 설령 그런 놈일지라도 아버지는 재산을 나눠 줘요. 이 부분에서 감동이 느껴지나요?"

사람들은 고개를 저었다. 박사님은 사람들의 반응을 확인하고 고 개를 같이 저었다.

"'이게 무슨 뚱딴지 같은 소리야!' 하고 그냥 이 부분을 지나쳐요."

어느 시대건 재산상속은 굉장히 예민한 문제다. 누구를 많이 주고 적게 주냐로 다투는데, 우리 가족도 그 문제로 엄마가 아주 고통받았 다. 그 끝은 서로를 미워하고, 별것 아닌 일에 크게 화를 내는 것이었 다. 엄마 주름살의 대부분은 그 재산 문제로 인해 생겼다고 해도 과언 이 아니다. 옆을 흘깃 보니 엄마는 자신의 이야기인 양 어느 때보다도 더 집중해서 듣고 있었다.

"이 아버지가 한 행동은 자식이 아무리 못나도 자식의 선택을 존중 한다는 이야기예요. 무조건적인 사랑은 나쁜 놈이건 착한 놈이건 차 별하지 않는 거라는 이야기를 이 한 줄에서 하고 있지요. 인간의 사랑 은 너무 조건적이기 때문에 이렇게 씌어 있어도 그 뜻을 잘 몰라요."

아직 이해가 잘 안 갔다. 돈을 함부로 써서 탕진하고 아버지한테로 돌아왔다는 사실도 꽤썹했다. 이런 자식을 받아주면 다음에 또 그럴 거라는 생각에 혼을 내야 하는 것 아닌가 하는 생각도 들었다. 박사님은 사람들의 생각을 알겠다는 듯 말을 덧붙였다.

"자식을 혼낸답시고 '네가 감히 어떻게 그럴 수 있어?'라고 소리치면 그 자식과 아버지와의 관계는 끝이에요. 그런데 이 아버지는 '네가 아무리 못된 놈일지라도 나는 돈보다 네가 더 중요하다. 우리의 관계는 계속 유지되고 있다'고 말하는 거예요. 그리고 언제든지 돌아와도 돈과 상관없이 너를 받아줄 준비가 되어 있다고요."

이야기를 듣자 모두 숙연해졌다. 사람들은 혼을 내면 알아들을 거라 생각한다. 나도 자식으로서 부모님의 돈을 헛되게 쓴 적이 있다. 처음엔 호기롭게 시작했지만 내 뜻대로 흘러가지 않을 때가 있기에 돈이 낭비되곤 했다. 그걸 의도한 건 아니지만 이것저것 배우다 중간에 그만두기도 하고, 한때 치장하는 데 미쳐서 입지도 않는 옷들과 장신구들을 잔뜩 사기도 했다. 외국 여행을 갈 때면 부모님한테 손을 벌리기도 했고, 대학원에 합격했을 때도 당연히 부모님이 등록금을 대주실 거라 생각했다. 좋은 대학교에 입학한 자랑스러운 딸이니까! 그 때는 그게 당연하다고 생각했다. 물론 부모님은 나에게 필요하다는 돈은 다 주셨다. 그런데 지금 생각해 보면 당연한 게 아니었다. 지금 내가 부모의 입장이라면 그렇게 군말 없이 자식이 필요하다고 말하면 캐묻지 않고 줄 수 있을까?

이 탕자도 그랬으리라. 부모님의 재산을 상속받아 여기저기 떠돌아다녔지만 어디 세상이 그렇게 만만한가. 나의 부모님은 그런 나를 한 번도 나무라지 않았다. 내가 헛된 꿈을 꿨다는 걸 알았을 때 돌아갈 곳이 필요했고, 탕자의 아버지처럼 아무 말 없이 내가 돌아오면 받아줬다. 사랑은 그런 것이다. 잘못하고 말고를 떠나서 상대를 끝까지 아끼는 것.

이때까지만 해도 하느님은 내가 필요할 때 찾는 신이었다. 그리고 나는 인생에서 딱 두 번 찾았었다. 초등학교 반장선거 때 제발 반장이 되게 해달라고 빌었고 실제로 반장이 되었다. 그리고 얼마 전 복통으로 고생했던 날 그렇게 두 번 하느님을 찾았다. 대부분의 시간엔 그 존재를 생각하지 않고 살았다. 교회에 다니는 사람들을 싫어 하기도 했다. 교회에 다닌다고 하면 일단 반감부터 가지기도 했다. 선교한다고 위험한 지역으로 가서 붙잡히는 것도 이해가 안 됐다. 부정을 저지르는 목사들을 뉴스에서 보는 것도 싫었다.

'하느님 믿는 사람이 어떻게 저런 짓을!'

강의장에 온 누군가는 박사님을 보며 분명 나처럼 이렇게 생각했을 것이다.

'에이, 저 사람 알고 보니 하느님 믿는 사람이었네.'

나는 여기 있는 내내 부정했다. 이런 이야기가 나올 때마다 부정했다.

'하느님 안 믿어도 낫는 사람이 얼마나 많은데! 그 부분은 걸러서 들어야겠다.'

그런데 마음이 항상 찝찝했다. 끌어당김의 법칙이니 시크릿이니 그런 것도 믿는데 왜 몇 세기 전부터 전해진 성경을 한 번도 읽어 볼 생각을 하지 않았을까. 미국 국립보건원[NIH] 원장이자 유전자 지도를 만든 프랜시스 콜린스가 쓴 『신의 언어』를 보면, 무신론자였던 그는 과학적 발견들을 통해서 신의 존재를 더욱 확신하게 되었다고 한다.

그리고 나의 '하느님을 믿는 것'에 대한 선입견이 돌아온 탕자 이야기로 풀렸다. 성경이나 하느님 이야기가 사람들을 교화시키고 돈을 걸어내는 데 있는 게 아니었다. 성경은 그 자체로 어느 책보다 통찰력이 깊은, 사랑이 가득 담긴 책이었다.

사실 이 글을 처음 쓸 때도 하느님 이야기는 빼야겠다고 생각했다. 나처럼 기독교에 반감을 가진 사람이 많이 있으리라 생각했으니까. 종교를 강요하고 싶진 않다. 그런데 그 이야기를 빼려고 하니 글을 쓸 수가 없었다. 가장 원초적인 사랑이 신의 무조건적인 사랑인데 그걸 뺀 이야기로 사람의 마음을 따뜻하게 하는 건 불가능했다.

이제껏 잘못 배운 것이다. 우리는 흔히 나쁜 짓을 하면 신이 벌을 준다고 배웠다. 잘하면 천국에 가고, 못 하면 지옥으로 보내는 심판자의 느낌이 강한 하느님. 그런데 여기 와서 처음으로 알았다. 신은 우리에게 벌을 주기 위해 있는 게 아니라고. 모든 사람을 자신의 자식인 양 사랑하는 존재라고.

영화 〈오두막〉에서 '지혜wisdom'의 신은 하느님에 대해 오해하고 있는 주인공에게 이렇게 말한다.

"당신이 오늘 심판자예요. 신이 한번 되어 보세요. 자, 당신의 딸과 아들 중 한 명을 지옥으로 보내야 한다면 둘 중 누구를 고르겠어요?"

주인공은 그 상황 자체를 힘들어 한다. 모두 사랑하는 자식들인데 누군가 한 명을 고른다는 건 끔찍한 일이었다. 그러나 지혜의 신은 거기서 그만두지 않고 압력을 가한다.

"아들은 거짓말도 자주 했고, 당신 몰래 집을 나가기도 했어요. 나쁜 행동 아닌가요? 아들을 지옥으로 보내요."

주인공은 눈물을 흘리며 고개를 젓는다.

"아니면 딸은 어때요? 요즘 당신 말도 무시하고, 사이도 안 좋잖아요. 딸을 지옥으로 보내는 게 어때요?"

주인공은 괴로워하다가 차라리 자신을 데려가라고 말한다. 그 모습을 본 지혜의 신은 주인공에게 다가간다.

"신도 똑같은 마음이에요."

아인슈타인은 이렇게 말했다.

"삶에는 두 가지 방식이 있다. 한 가지는 기적이 없다고 믿는 삶, 또 한 가지는 모든 것이 기적이라고 믿는 삶. 내가 생각하는 인생은 후자다."

아인슈타인이 하느님을 믿었는지 안 믿었는지는 중요하지 않다. 누군가는 '우주'라고 이야기하고 누군가는 '하느님' 또는 '신'이라고 일컫는 대상은 존재해야 한다. 그래야 기적이 이 세상에 존재할 수 있는 거니까. 기적이 있다고 믿어야 희망이 생긴다. 그리고 그 희망은 삶을 즐겁게 살아갈 수 있도록 하는 원동력이다.

잠들기 전, 침대에 누워 생각했다.

"이왕 이렇게 된 거 오늘부터 제대로 신을 믿어 보자."

착한 사람이
질병에 더 잘 걸리는 이유

⌣

리조트 뒷길로 가면 '너릭 바위'라고 하는 곳이 있다. 넓은 바위라
는 뜻인데 바위가 얼마나 큰지 일부만 보면 평지인 줄 아는 사람도 있
다. 산을 20분 정도 오르면 그 바위가 나오는데 처음에는 힘든 길인
지 모르고 올라가다가 넘어질 뻔한 적도 여러 번이었다. 그렇게 힘들
게 올라간 산의 풍경은 장관이었다. 우거진 숲 사이로 탁 트인 허공을
바라볼 때면 마음이 열렸다.

따사로운 햇빛이 바위를 비추자 아빠는 그 넓은 바위 위에 드러누
워 따뜻한 빛을 한껏 받았다. 같이 올라간 사람들은 댄스 시간에 배
운 춤을 추며 내일 있을 공연에 대비해 연습했다. 멀리서 바라본 그들
의 모습은 독립영화의 한 장면 같았다. 그렇게 산과 사람들이 하나의
풍경이 된 그 장면을 멍하니 바라보고 있는데 전화가 울렸다. 리조트
에서 온 전화였다.

"여보세요."

"추민지 씨 되시죠? 오늘 점심시간에 그룹 상담 있으니까 지하 1층 방으로 오세요."

드디어 기다리던 시간이 왔다. 이 시간은 박사님과 함께 밥을 먹으면서 궁금했던 질문이나 하고 싶었던 말을 할 수 있는 자리였다. 이런 자리가 생기면 꼭 묻고 싶은 말이 있었다. 강의를 들었지만 더 확실하게 개인적인 질문을 할 수 있는 시간이기 때문이다. 작은 바위 위에 엉덩이를 걸치고 휴대폰 메모장을 켰다. 그리고 질문거리들을 하나씩 적었다.

'난청이 나을 수 있을까요?'

'자꾸 난소에 혹이 생기는데 호르몬제를 끊어도 될까요?'

'이 병은 나을 수 있을까요?'

'왜 이런 고통이 자꾸 생기는 걸까요?'

박사님이 하느님은 아니지만 이 질문에 다 답을 해주실 수 있을 거라 믿었다. 한 시간 뒤면 점심시간이다. 박사님을 만날 생각에 심장이 두근거렸다.

"엄마, 이제 내려가자. 박사님이랑 점심 먹어야지!"

리조트에 도착하니 구수한 냄새가 코끝을 스쳤다. 배에서 꼬르륵 소리가 났다. 메밀국수다. 호박과 갖가지 나물들이 맛있게 고명으로 올려져 있고, 국물 냄새도 너무 향긋했다. 음식준비를 하는 아주머니들은 아픈 사람들을 위해 음식 하나도 밖에서 사오는 법이 없다. 간단하게 사오면 편한 것들도 몸에 좋은 재료들로 새로 만드신다. 그 마음을 알아서 그런지 밥을 먹을 때면 감사한 마음이 들고 남기기가 죄송해서 딱 먹을 만큼만 퍼온다.

우리 가족은 메밀국수를 들고 방으로 들어갔다. 그룹 상담이기에 우리 가족과 합쳐서 총 여섯 명이 둘러앉았다. 시간이 되자 박사님이 들어오셨고, 나의 맞은편에 앉으셨다. 박사님과 눈이 마주쳤다.

"식사 맛있게 하세요."

사람들은 어색한지 우물쭈물하면서 수저를 들었다. 식사는 시작됐지만 한동안은 잠잠했다. 다들 하고 싶은 말들이 가슴속 깊이 있었지만 먼저 말을 꺼내는 이는 없었다. 뭔가 이 분위기를 깨야 할 것 같아 나는 손을 들고 말했다.

"저부터 시작해도 될까요?"

왠지 손을 들어야 할 것만 같았다. 어린 학생이 발표하려 하듯 말이다. 사람들은 밥을 먹다가 일제히 나를 쳐다봤고, 조용한 방에 내 목소리만이 울렸다.

"박사님, 저는 난청도 있고, 난소에 자꾸 혹이 생겨요. 고등학교 때 한 번 수술을 했는데 재발해서 수술을 또 해야 한다고 합니다. 왜 이런 병이 자꾸 생기는 걸까요?"

박사님은 따뜻한 시선으로 나의 이야기를 들어주셨다. 누구에게도 이렇게 나의 상태에 대해 진술하게 물은 적이 없었다. 산부인과 쪽 병이면 어느 누구도 당당하게 말하는 사람이 드물었다. 아직 그런 이야기는 남한테 하기 부끄럽다는 인식이 강한 듯하다. 질문이 끝나자 박사님은 중저음의 부드럽고도 온화한 목소리로 답하셨다.

"T세포가 변질이 돼서 청신경을 공격하면 이명이 생기기도 하고 난청이 오기도 해요. T세포의 유전자가 변질된 거죠. 이 학생 눈을 한 번 보세요. 얼마나 착하고 순하게 생겼어요. 그렇죠?"

착한 아이 콤플렉스

'착한 아이 증후군'이라 불리기도 하며, 콤플렉스 중 하나가 되어 '착한 사람 콤플렉스'라 부르기도 합니다. 쉽게 말하면 남의 말을 잘 들으면 착한 사람이라는 생각이 강박관념이 되어 버리는 증상이지요. 꼭 말을 잘 듣는다는 생각보다도 '착한 사람으로서의 이미지'를 유지해야 한다는 사고방식에 매여 있습니다. 그 이미지를 완벽하게 내재화해서 본능적으로 실천하는 사람은 착한 사람 증후군을 앓지 않으며 그건 그냥 착한 사람입니다. 속으로는 이건 아닌 것 같다고 생각하면서도 겉으로는 고분고분해서 내면과 외면의 모순이 일어나는 경우 문제가 됩니다.

박사님은 말똥말똥하게 쳐다보는 나를 보며 주변 사람들에게 웃으며 칭찬했다. 살짝 쑥스러웠다.

"이 학생의 T세포 유전자가 변한 이유는 무엇일까요? 이렇게 착한 사람일수록 악령이 나쁜 마음을 넣어 주면 마음이 약해지고 두려워져요. 그 나쁜 생각 때문에 자신이 벌을 받을 거라고 생각하거든요. 그렇게 악령이 넣어 준 생각을 나중에 스스로 했다고 자책해요. 악령이 죄책감을 불어넣어 주죠."

실제로 그랬다. 사람들은 나더러 착하다고 하는데 나는 스스로를 자책할 때가 많았다. 조금만 다른 사람에 대해 안 좋은 생각이 들면 나 자신을 다그쳤다. 남이 잘못한 것까지 내 탓이라고 생각했다.

'내가 어떻게 이런 생각을!'

'난 진짜 나빠!'

'사람들이 말하는 것처럼 난 착하지 않아.'

'내가 바보같이 행동해서 그런 일이 생긴 거야.'

박사님은 내성적이고 착한 사람들이 자가면역 질환에 잘 걸린다고 했다. 이런 사람들은 책임감도 강하고, 완벽주의자 성향이어서 자존심도 강하다. 그런데 이런 식으로 살다 보면 마음이 점점 힘들어진다. 이렇게 사는 게 피곤하다고 느낀다. 오히려 책임감 없는 사람들이 속은 편하다.

"그런 안 좋은 마음이 들 때는 무조건적인 신의 사랑을 느껴야 해요. 성령이 와야 하는 거죠. 절대 내가 나쁜 생각을 해서 신이 벌을 주는 거라고 생각하면 안 돼요."

어릴 때부터 착하다는 말을 많이 들었다. 근데 나는 내가 착하다는

나는 누구를
심판할 자격이 될까?

당신은 어떤 삶을 살았는가

이집트 신화에 등장하는 아누비스(Anubis)는 죽은 자를 인도하는 신입니다. 그의 역할은 죽은 자를 심판의 왕 앞에 데리고 가서 사자(死者)의 심장을 양팔저울에 저울질해 죄의 무게를 재는 일이지요. 흥미로운 것은 죄를 측정하는 방식인데 저울 한쪽 접시에 사자의 심장을 얹고 나머지 한쪽에는 입김으로 불어도 날아갈 듯한 깃털을 올려놓는 것입니다. 사자의 심장이 깃털보다 가벼워야 심판을 무사히 통과할 수 있습니다. 만일 그렇지 않으면 사자의 영혼은 갈기갈기 찢기는 벌을 받게 되지요. 이집트인들은 죄를 짓지 않은 사람의 심장은 깃털만큼 가볍다고 믿었어요. 그리고 가벼운 심장은 깨끗한 양심이라고 생각했지요.

생각을 한 번도 하지 않았다. 겉으로는 착해 보여도 내 속에서는 어떤 생각을 하고 있는지 잘 알기 때문이다. 아빠의 술주정과 부모님의 싸움으로 집안이 편안한 날이 없었다. 그래서 나는 아빠가 죽었으면 좋겠다는 생각을 자주 했다. 아빠가 없으면 마음 편히 살 수 있을 것 같았다. 그 생각은 이내 죄책감을 불러일으켰다.

'나는 부모님이 죽었으면 좋겠다고 생각한 나쁜 딸이야. 어떻게 자식이 부모님에 대해 그렇게 생각할 수가 있지?'

내가 그 말의 뜻을 이해하고 있는 듯한 눈빛을 보내자 박사님은 말을 이어갔다.

"그런 생각들을 하면 마음이 너무 괴로워요. 그래서 착한 사람들이 괴롭게 사는 경우가 많아요. 그러나 신이 그런 생각을 했다고 미워해서 벌주는 존재가 아니라는 걸 알아야 해요. 오히려 나를 회복시켜 주려고 애쓰시는 분이라는 걸 기억해야 해요."

강경하고도 따뜻한 눈빛을 한 몸에 받은 나는 온몸의 긴장이 풀리면서 마음이 편안해졌다. 신이 나에게 고통을 준다고 생각했지 한 번도 회복시키려 한다고 생각한 적이 없었다. 그 사랑을 믿게 된 순간 굳었던 내 표정은 밝아졌다. 내가 그 표정을 알아채기도 전에 박사님은 환해진 내 얼굴을 보면서 미소 지으며 말했다.

"지금 봐 봐요. 표정이 아주 온화해졌잖아요. 지금 이 순간부터 T세포는 정상화되기 시작했어요. 이제 점점 나아질 거예요. 뉴스타트를 하면서 호르몬제도 서서히 끊어 가면 돼요."

최고의
유산

⌣

　이곳에서는 강의 시작 전에 항상 노래를 부른다. 처음에는 굳이 노래를 불러야 하나 싶고, 불러도 큰 감흥이 없었는데 계속 부르다 보니 정말 그 순간에는 흥이 나고 걱정했던 것들도 잊힌다. 이곳에서만 부르던 노래를 이제는 집에서도 흥얼거리곤 한다.

　　걱정을 모두 벗어 버리고서 smile smile smile
　　장미꽃처럼 활짝 웃어요 세상 즐겁다
　　걱정하면 무엇해 즐겁게 웃어 보자(하하하하하)
　　걱정을 모두 벗어 버리고서 smile smile smile

　율동에 포인트가 있다. 'smile'이라고 할 때는 옆 사람을 보고 웃으면서 양손을 둥글게 돌려야 하고, '하하하하하' 할 때는 옆 사람과 손을 잡고 하늘을 보면서 진짜로 웃어야 한다. 이때 어색하더라도 계속 웃으면 진짜 그 순간에 찐 웃음이 터져 나온다. 행복해서 웃는 게 아니라 웃어서 행복해지는 거라는 말도 있지 않나.

그 시간에는 박사님도 강단 앞에서 노래 부르며 율동을 하신다. 흥을 돋우기 위한 자원봉사자 몇몇 분이 계시기도 하고, 어린 아이가 있으면 앞으로 불러서 같이 율동을 하기도 한다. 확실히 앞에서 기운을 주는 사람이 있는 것과 없는 건 차이가 컸다. 나는 언제부턴가 저 강단 위에서 박사님과 같이 율동을 하며 노래를 부르고 싶다는 마음이 생겼다. 그런데 앞에 나서기가 부끄러웠다. 갑자기 사람들 앞에 나가 율동을 한다는 게 다른 사람 눈에 아니꼽게 보일 것만 같았다.

'사람들이 아마 나를 나댄다고 생각할 거야.'

이 생각이 머릿속을 계속 맴돌았다. 그리고 박사님과의 그룹상담 후에 이 생각을 곰곰이 되짚어 봤다. 이 생각은 어디서 온 걸까. 이 또한 악령이 넣어 준 생각 아닐까.

'사람들은 진짜 날 그렇게 생각하지 않을 수도 있잖아. 근데 난 왜 지레 겁을 먹고 사람들이 날 비난할 거라 생각하는 거지? 그냥 무대에서 율동하는 거잖아. 심각하게 생각할 거 없어.'

반주가 흘러나왔다. 박사님은 강단 앞으로 나오셨고, 나도 그 뒤는 더 이상 생각하지 않고 외투를 벗고 무작정 앞으로 나갔다. 뜻밖의 나의 용기에 사람들은 박수를 치며 환호했다. 내가 앉은 곳에서 강단까지는 딱 열 발짝이었다. 물리적으로 짧은 이 거리가 심리적으로는 너무 멀었다. 그러나 〈라이온 킹〉의 심바와 라라가 금지의 땅을 밟듯 나도 한 걸음 한 걸음 앞으로 걸어나갔다. 박사님은 갑작스러운 나의 행동에 놀라지 않고 웃으며 날 바라보셨다.

그 강단 앞에 선 순간 알았다. 여기에 나오지 않았더라면 나는 그냥 저 앞의 의자에 앉아서 나갈까 말까 고민하는 그 순간을 두고두고 후회했을 거란 걸. 그리고 강단 앞에 서 보니 박사님의 마음을 느낄 수 있었다.

강의장 앞에서 본 사람들의 표정은 제각각이었다. 정말 기쁨에 차서 노래를 부르는 사람, 건성으로 부르는 사람 등 그 짧은 시간에 율동을 하면서도 다 보였다. 예전 성격에서 변해야 한다고 수없이 말했음에도 불구하고 '또 노래해?'라는 투정 가득한 표정을 짓는 사람들. 그들의 모습을 보니 병이 나을 사람과 아닐 사람이 구분됐다.

노래가 끝나고 자리에 앉자 엄마는 또 주책맞게 나를 보며 칭찬했다.

"우리 공주가 나가니까 강의장이 환해지더라!"

"엄마, 오버는!"

"진짜라니깐?"

내심 기분이 좋았다. 그 후부터 나는 매 강의 시간마다 당연한 듯 앞으로 나가 율동을 했다. 나를 의자에 붙잡아 놨던 악령이 보낸 생각들을 끊어 버리고 한 번 용기를 내니 그 다음은 쉬웠다. 노래를 부를 때 나를 보는 박사님의 눈빛을 잊을 수가 없다.

Smile을 외치면서 박사님의 눈과 마주치며 웃을 때, 나는 세상에서 받아 본 적 없는 따뜻한 눈빛을 받았다. 아빠에게서도, 엄마에게서도 받아 보지 못한 무언가를 초월한 듯한 사랑이 가득 담긴 눈빛. 그 눈빛에 세상의 모든 사랑을 다 받는 듯한 느낌이 들었고, 그 순간만큼은 뭐든지 할 수 있을 것 같았다. 그 눈빛을 받고 싶어 나는 매번 강단에 올라가고 또 올라갔다.

프로그램이 끝나기 이틀 전, 봉사자 한 분이 소식 하나를 알렸다.

"자유시간에 작은 음악회가 열리니 노래를 하고 싶은 사람은 신청곡을 써 내시면 됩니다."

박사님은 그 용지를 보고 말씀하셨다.

"부끄러움을 없애고 앞에 나설 때 진짜 내면의 변화가 시작돼요. 음악회가 열리면 앞에서 신나게 노래도 불러 보세요. 정말 재밌어요."

'부끄러움을 없애라'는 박사님의 말에 병이 낫길 바라는 사람들은 하나둘씩 노래를 하겠다며 신청곡을 써 냈다.

엄마는 아빠에게 속삭였다.

"당신도 이번 기회에 나가서 노래 한번 해 봐."

아직 부끄러움이 많은 아빠는 한사코 노래하기를 거절했다. 엄마는 잠깐 생각하다가 결심한 듯 말했다.

"그러면 내가 나가서 노래할게. 당신은 나와서 춤만 춰. 딸도 같이 옆에 서 있고."

그제야 아빠는 고개를 끄덕였다. 역시 엄마는 포기를 모른다.

드디어 음악회 시간이 되었다. 노래를 부르러 나온 사람들은 하나같이 목소리가 엄청 좋았다. 다들 자신이 노래를 잘한다는 걸 알고 이렇게 자신 있게 나온 듯했다. 그런데 그 사람들은 다들 보호자로 온 사람들이었다. 실제로 아픈 사람들은 앞에 나가기 싫어했다. 아픈 아빠보다 건강한 엄마가 더 나서는 것처럼. 뒤로 갈수록 잘 부르는 사람들이 나와서 점점 부담스러워졌다. 사회자도 놀라며 말했다.

"다들 어디서 배워서 오셨어요?"

그리고 대망의 우리 차례. 우리 셋은 줄줄이 앞으로 나갔다. 평소 엄마와 나는 사람들과 잘 지냈기에 그러려니 했는데 아빠의 등장에 사람들은 놀랐다. 엄마와 내가 사람들과 이야기할 때면 아빠는 저 멀리 딴 곳에 혼자 서 있곤 했기 때문에 아빠가 나올 거라는 건 아무도 예상하지 못했을 것이다. 마이크를 잡은 엄마를 중간에 두고 아빠와 나는 양쪽에 섰다. 엄마가 선곡한 곡은 설운도의 '누이'였다. 반주가 흘러나오고 나는 옆에서 조용히 박수를 쳤다. 그런데 갑자기 환호성과 박수 소리가 터져 나왔다. 뭔가 일이 일어난 게 분명하다!

어리둥절한 표정으로 옆을 쳐다보니 예상을 뒤엎는 광경이 펼쳐졌다. 아빠의 거침없는 춤사위가 시작된 것이다. 이 근본 없어 보이는 춤은 아빠가 술을 진탕 마셨을 때만 나오는 춤이었다. 술을 마셨을 때만큼은 부끄러운 것도 모르고 노래방에서 신나게 춤을 췄다. 그런데 아빠는 암 판정을 받고 나서는 술은 입에도 못 댔고, 자연스레 춤출 일도 없었다. 오늘은 그저 옆에서 살짝 율동만 해도 좋을 것 같다고 생각했는데 아빠는 단단히 큰 용기를 냈다. 브레이크 댄스도 아니고 각설이도 아닌, 세상 모든 춤이 다 섞여 있었다.

근본 없는 춤사위에 사람들은 자지러졌다. 어떤 이는 우울할 때 보겠다며 아빠가 춤추는 모습을 영상으로 찍어 놓기까지 했다. 그 영상은 지금 다시 봐도 여전히 웃음이 터져 나온다. 어떻게 이런 용기가 아빠한테서 나왔을까. 아직도 아이러니하다. 그렇게 각본 없는 춤이 3분 간 이어졌고, 노래가 끝나자 사람들은 아빠의 춤사위를 잊을 수 없다며 환호했다.

나는 처음으로 아빠가 자랑스러웠다. 이제껏 아빠의 이런 행동을 본 적이 없었다. 투병 때문에 아빠는 사람 만나기를 꺼려 했다. 삐쩍 마른 모습을 사람들에게 보여주기 싫어 했고, 낯선 사람과 이야기하는 걸 어려워했다. 그런 아빠를 보며 엄마는 혹시 우울증이 걸린 건 아닐까 걱정했다. 이랬던 사람인데, 많은 사람들 앞에서 춤을 추다니! 아무런 준비도 안 한 상태에서 3분 동안 쉬지 않고 막춤을 추다니! 정말 대단했다. (영상은 〈운좋은언니〉 유튜브 채널에서도 볼 수 있다.)

나는 앞으로 두고두고 이 장면을 기억할 것이다. 아빠가 돌아가신다고 해도, 시간이 많이 지나더라도 내 기억 속에는 신나게 춤을 추던 아빠의 모습이 영원히 남아 있을 것이다.

부모가 자식에게 남겨 주어야 할 유산은 돈이 아니다. 돈은 사라지기도 하고 생기기도 한다. 세월이 지나도 흐려지지 않고 남는 건 부모에 대한 '기억'이다. 부모님들이 살아생전 했던 행동에 대한 기억과 그에 대한 감정들은 죽을 때까지 남아 있다. 앞으로 내가 기억 속에 두고두고 그리워할 수 있도록 아빠는 나에게 큰 유산을 남겼다. 용기를 내야 할 때 과감하게 용기를 낸 모습은 큰 감동을 주었다. 이 기억은 내가 어떤 일을 두려워할 때마다 용기를 낼 수 있도록 나를 격려할 것이다. 아빠도 그때 그렇게 용기를 냈으니 나도 해 보겠다고!

이제껏 아빠를 떠올릴 때면 하얀 도화지 같았다. 성인이 될 때까지 아무것도 함께한 게 없었다. 그런데 이렇게 아빠와의 추억이 하나 생겼고, 조금씩 가까워질 수 있을 거란 희망이 생겼다.

당신이 춤을 춰야 하는 여덟 가지 이유

미국의 온라인 매체 리틀띵스가 춤이 당신의 신체와 정신을 얼마나 건강하게 만들어 주는지 소개했다.

1. 유연성을 길러 준다.
2. 뼈를 강화시킨다.
3. 당뇨병과 싸운다.
4. 기분을 호전시킨다.
5. 심장 건강에 좋다.
6. 두뇌 능력을 향상시킨다.
7. 콜레스테롤을 줄여 준다.
8. 몸무게를 조절할 수 있다.

그 말을
스스로도 믿어요?

⌣

이곳에 있을 시간이 이틀밖에 안 남았다. 매일 아침 일곱 시 체조를 하면서 뜨는 해를 보며 하루의 소중함을 느꼈고, 채소 식단이 이렇게 맛있는 줄도 처음 알았다. 혼자 지내는 게 최고라고 생각했는데 좋은 기운을 내뿜는 사람들과 있으니 함께하는 삶이 참 좋은 거구나 하는 생각의 변화도 있었다.

그리고 오늘 아침, 다 같이 설악산을 등반하려고 리조트 앞으로 모였다. 산 오르는 걸 좋아하는 어른들이 많아서 그런지 그분들은 마치 오늘만 기다린 것처럼 옹기종기 모여서 수다를 떨었다. 첫날, 밥을 먹으려고 줄을 섰을 때 손을 꼭 잡고 있었던 노부부가 상기된 얼굴로 사람들과 이야기를 하고 있었다.

"어젯밤에 병원에 갔다 왔는데 며칠 사이에 종양 수치가 눈에 띄게 내려갔다고 하네요."

역시 기본적으로 사랑이 있는 분들이라 그런지 회복도 빠른 듯했다. 두 분의 소식에 다른 사람들도 한마음으로 기뻐해 줬다. 이런 좋은 소식 하나하나가 투병 중인 사람들의 마음에 조금씩 희망을 불어 넣어 주기 때문에 이는 매우 중요하다.

차를 타고 가면 설악산 입구까지 5분이면 도착한다. 우리 가족은 함께하는 산 등반이 처음이었다. 이곳에 와서는 처음 경험하고 처음 느끼는 감정들이 많다. 마치 아기가 세상을 하나씩 배워 나가듯, 나는 이전 생활을 잊고 새롭게 만난 사람들과 좋은 이야기를 많이 들으며 지냈다.

설악산을 등반하는 여러 갈래의 길 중 환자가 많은 우리는 비교적 무난한 비룡폭포 코스로 정했다. 코로나 때문에 한동안 길이 막혔는데 며칠 전 다시 풀렸다고 한다.

처음엔 평지라 괜찮았는데 걸을수록 오르막길이었다. 돌 사이 사이에 얼음이 얼어 있어 미끄럽기도 했다. 한참 오르다 주위를 둘러보니 산이 온통 얼음으로 덮여 있었다.

오르는 와중에 계속 걱정이 됐다. 갑자기 화장실이 급하면 어떡할지 불안했다. 몇 달 동안 증상이 점점 심해져 급뇨를 많이 경험했다. 실제로 화장실에 가면 얼마 나오지도 않는데 한 시간마다 계속 소변이 마려운 탓에 산을 오르는 동안 소변 걱정 때문에 매 순간이 아찔했다. 계속 오르면서 주변 화장실을 탐색했다. 보일 때마다 들러야 한동안은 버틸 수 있을 것 같았다. 저 멀리 '마지막 화장실'이라는 팻말을 보고 달려갔다.

이제는 이런 상황이 익숙한지 엄마는 주변 경관을 보며 기다렸다가 다시 함께 산을 올랐다. 엄마는 꽁꽁 언 얼음들을 보며 말했다.

"봄에 오면 참 예쁘겠다."

아빠는 걸음이 빠른 탓에 저만치 먼저 앞에 가 있었고, 엄마와 나는 다른 사람들과 수다를 떨면서 올랐다. 그중 몇몇 사람들은 엄마에게 나에 대한 칭찬을 했다.

"딸이 부모님 따라 이런 프로그램에 같이 오기 쉽지 않은데, 너무 착하고 예쁘네요!"

사람들은 내가 큰 병이 있다고 생각하지 않았다. 그냥 아픈 아빠를 따라온 착한 딸 정도로 생각했다. 그래서 이곳에서 예쁘다는 말을 참 많이 들었다. 착해서 예쁘다, 순수해서 예쁘다, 어려서 예쁘다, 엄마랑 함께 잘 지내는 모습이 예쁘다 등등 '예쁘다'에 갖다 붙일 수 있는 수식어는 다 갖다 붙였다. 그 말을 들을 때마다 기분이 좋기보다는 머쓱했다. 왠지 그 말들이 내 것이 아닌 것 같은 느낌 때문이다.

그렇게 힘겹게 산을 올라 드디어 비룡폭포에 도착했다. 겨울이라 폭포 줄기가 얼어서 밑 부분만 액체상태인 물이 흘렀다. 살짝 실망하긴 했지만 등반했다는 사실에 의미를 부여하며 그 광경을 즐겼다. 따로 다니고 있는 아빠를 보며 가족 사진을 찍어 주겠다고 한 아주머니가 셋이 서 보라고 했다. 쭈뼛쭈뼛 폭포 앞에 섰다. 엄마와 아빠, 나 셋이서 김치를 하며 엉거주춤 서 있으니 아주머니가 답답했는지 소리쳤다.

"어깨동무도 좀 하고! 더 붙으세요!"

아빠는 한 발짝 더 다가왔고, 하나, 둘, 셋을 외치는 아주머니의 말을 끝으로 사진은 찍혔다.

아빠와는 사진 찍을 일이 없었다. 아빠가 암 선고를 받고 나서 언니는 가족사진이라도 남겨놓자며 사진관을 예약했었다. 그런데 사진 찍기 일주일 전, 돌연 아빠가 예약을 취소하라고 했다. 살이 다 빠져 앙상한 자신의 모습을 남겨두고 싶지 않아서였을까. 어쨌든, 그때는 못 찍었지만 우리 셋은 나란히 서서 사진을 찍었다. 언니와 남동생, 우리 가족이 모두 찍혔으면 더 좋았을 걸 하는 아쉬움이 있었다. 그래도 사진관에서 찍는 것보다는 좋았다. 이 사진에는 추억이 담겨 있으니까.

구경을 마치고 내려오는데 엄마의 감탄사가 또 산을 울렸다. 옆을 가리키는데 돌 위로 지나가는 물이 겉면이 얼어서 얼음이 되었고 그 밑으로 물이 흘렀다. 우리가 보는 시선으로는 돌과 얼음 사이로 물이 흐르는 모습이었다. 자주 볼 수 없는 현상에 우리는 그냥 지나치지 않고 그곳에 서서 한참을 바라봤다. 컴퓨터 그래픽으로나마 구현할 수 있을 것 같은 신기한 현상이 너무 아름다웠다. 거기에 한동안 서서 "우와…" 하는 감탄사를 연발했다.

"이런 아름다운 모습을 보여주셔서 감사합니다."

그렇게 진선미를 느끼면서 자연이 주는 아름다움을 내면화했다. 산 정상에 올랐다가 아니라 주변 풍경을 만끽하며 진선미를 실제로 행하니 기분이 더 좋았다.

내친김에 우리는 내려가서 흔들의자를 타며 사진을 몇 컷 더 찍었다. 이렇게 찍는 사진은 마음이 편안했는지 사진 속의 아빠는 한껏 미소 짓고 있었다. 그 표정이 살짝 어색하긴 했지만 점차 나아지리라 기대했다.

아직 강의 시간까지는 자유시간이 많이 남았다. 햇빛을 온몸으로 받으며 정자에 앉아 있는데 아주머니 한 분이 내 곁으로 와서 앉으셨다. 알고 보니 대구에서 올라오셨다고 한다. 같은 고향 사람과의 만

남에 반가웠는지 아주머니는 내게 말을 거셨다. 그리고 뜻밖의 말을
꺼내셨다.

"사람들이 예쁘다고 많이 이야기하죠?"

"네. 감사하게도 그렇게 말해 주시더라고요."

나는 그 다음 질문에 말문이 턱 막혔다.

"그 말을 진심으로 믿어요?"

비꼬는 말이 아니라 정말 그런 칭찬을 받을 때 온전히 그 말을 받아
들이냐는 질문이었다. 대답하기 전에 곰곰이 생각해 봤다. 나는 예쁘
다는 말을 이제껏 어떻게 해석했을까. 사실 사람들이 그냥 빈말로 하
는 거라 생각했다. 어른들 사이에서는 딱히 내게 할 말이 없어서 내가
예쁘다고 생각하기보다는 그냥 예의로 건네는 말이라고 생각했다. 후
줄근한 운동복 차림에 화장기 없이 안경을 눌러 쓴 내가 예뻐 보일 거
라 생각하지 않았다. 내 마음을 속이지 않고 그대로 말했다.

"아니요. 사실 안 믿겨요."

어쩐지 속이 시원했다. 속마음을 겉으로 표현해 버리니 그 말은 내
안에 있던 무거운 짐을 내려놓게 했다.

"화장 안 할 때면 내가 어쩌면 못생겼을 수도 있다는 생각이 들어
요. 화장을 하면 좀 봐 줄 만하다라는 생각? 그래서 그냥 일부러 칭찬
해 주시는구나 정도로 생각해요."

아주머니는 나를 지긋이 쳐다보며 말했다.

"아니요. 사람들 말을 진짜 믿어야 돼요. 화장 같은 거 안 해도 충
분히 예뻐요."

"정말요?"

그렇게 대놓고 예쁘다고 말하는 아주머니의 눈빛에서 그 뜻을 읽을 수 있었다. 이분은 정말 나를 예쁘다고 생각하고 있었다.

박사님이 이제껏 내내 강조한 게 '믿음'이었다. 그런데 나는 다른 사람이 내게 예쁘다고 하는 말 한마디조차 못 믿고 있었다. 왜 그런지 생각해 보면, 내가 생각한 '예쁨'은 외모만 따지는 일차원적인 의미였다. 그러나 나보다 인생을 몇 십 년 넘게 살아 온 그곳에 있던 사람들은 그 의미를 다르게 봤다.

외면뿐만 아니라 내면까지 통틀어서 그 사람에게 느껴지는 분위기에 대한 '예쁨'이었다. 프로그램을 같이 들은 어른들은 정말 나를 예쁘다고 생각했다. 실제로 중학생 여자아이도 엄마를 따라 이곳에 왔는데 나를 처음 보자마자 이렇게 말했다고 한다.

"엄마, 저 언니 진짜 예뻐. 엄청 착할 것 같아. 나 저 언니랑 친해지고 싶어."

생각해 보면 나는 이제껏 내가 알고 있는 상식으로만 편견을 가지고 단어를 정의했다. 겉으로 보이는 현상만 놓고 옳고 그름을 따졌고, 그 안의 진심들을 볼 생각을 하지 않았다. 그리고 당연히 곧이곧대로 믿어야 할 것들을 믿지 못했다.

뼈만 앙상하게 남은 거식증 환자들이 주변에서 아무리 말랐다고 말해도 스스로 살쪘다고 생각하는 것과 다를 게 없었다. 비단 거식증 환자의 얘기가 아니다. 어쩌면 우리는 진실을 보며 살고 있다고 생각하고, 자신이 실제로 본 것들을 믿는다고 생각하지만 자신이 가진 편견을 눈에 한 꺼풀 씌운 상태로 세상을 보고 있는 게 아닐까.

믿는다는 느낌을 이제야 깨달았다. 신이 나를 사랑하고 내 몸을 고쳐 주려 한다는 걸 믿는 방법을 알았다. 그러려면 내가 이제껏 생각해 왔던 것들을 다 버려야 한다. 그리고 순수하게 그 의미를 받아들여야 한다. 과거의 실패들, 두려움, 걱정거리들은 다 버려야 한다. 그것들은 실체가 있는 것도 아니었다. 내가 나에게 해주는 칭찬도 믿지 못한다면 누군가가 나를 사랑한다고 말해도 이를 믿지 못할 것이다. 실제로도 그랬다. 남자친구가 나를 사랑한다고 말해도 나는 그 말을 들을 때마다 이렇게 생각했다.

'그냥 좋아하는 거겠지. 사랑은 무슨. 헤어지면 남남이 될 거면서.'

사랑하지 못하는 사람은 사랑을 받아도 그 사실을 믿지 못한다. 내가 예쁘다고 믿는 것부터 시작해야 한다. 겉이 아닌 마음으로 그 단어들을 봐야 한다. 그리고 그날 나는 방에 들어와 거울을 보며 스스로에게 말했다.

"그래, 나는 예쁜 게 맞아."

그렇게 무수히 되뇌이고 나서 모든 사람에게는 각자 나름의 예쁨이 있다는 걸 볼 수 있게 되었다.

긍정적인 명언들

- 긍정적인 사람은 보이지 않는 것을 볼 수 있고, 잡을 수 없는 것을 느낄 수 있고, 불가능한 것을 성취할 수 있다.
- 당신의 마음에는 강한 힘이 있다. 만약 당신이 당신의 마음을 긍정적인 생각으로 가득 채운다면, 당신의 삶은 변화하기 시작할 것이다.
- 긍정적인 생각과 합쳐진 긍정적인 행동은 성공을 불러온다.
- 아주 작은 긍정적인 생각이 당신의 하루를 변화시킬 것이다.
- 당신이 생각을 바꾸면 당신의 세상이 바뀔 것이다.
- 긍정적인 생각에는 큰 가치가 있다. 긍정적인 생각을 통해서 장애물을 극복할 수 있고, 고통을 감내할 수 있으며, 새로운 목표에 도달할 수 있게 되기 때문이다.
- 항상 긍정적으로 생각하라. 심지어 계단에서 굴러떨어졌더라도 '계단을 빨리 내려올 수 있었어!'라는 긍정적인 생각을 하라.

나도 모르게
튀어나온 결심

ᴗ

마지막 날 아침이 밝았다. 여느 때와 마찬가지로 아침 체조를 했고, 밥을 먹고, 강의를 들으러 갔다. 생활패턴과 행동은 10일 동안 똑같았지만, 내면의 환경은 몰라보게 달라져 있었다. 좋은 이야기만 주고받고, 혹시나 불평이나 걱정이 들면 바로 그 상태를 알아차리고 마음을 바꿨다. 때때로 엄마는 친정식구들과의 다툼으로 그들을 오해하고 일부러 더 그들을 나쁜 쪽으로 말할 때가 있다.

"일부러 나 엿 먹이려고 그런 걸 거야."

그럴 때면 나는 엄마의 생각을 바로잡아 준다.

"아니야. 악령이 나쁜 생각을 넣어 준 거야. 엄마는 좋은 생각만 하면 돼. 실제로 그들은 그런 생각을 안 했을 수도 있잖아. 그 오해는 엄마만 괴롭게 해. 그들은 아무 생각 없이 지낼 텐데."

그러면 엄마는 예전과 달리 바로 그 생각을 떨쳐 버린다.

"그래, 엄마가 너무 갔다. 좋은 생각만 해야지!"

우리는 프로그램의 마지막 강의를 들으러 강의장으로 향했다. 이곳에 왔던 첫날이 생각났다. 10일 뒤에 내가 어떻게 변해 있을지, 혹은 아무 변화도 없으면 어쩌지 걱정하며 밥을 먹던 시간들이 있었다. 집으로 돌아가면 뭐 먹고 살지를 걱정하며 막막하기도 했지만 밤낮으로 좋은 강의들로 꽉 찬 하루를 보냈기에 두려움이 점차 사라져 갔던 지난 10일이었다. 차가웠던 내 마음을 온갖 따뜻한 것들이 감쌌고, 나에게 그 온기가 점점 스며들었다.

박사님의 강의가 시작되기 전, 워밍업 시간을 가졌다. 마지막 날이니만큼 10일 동안 이곳에서 지낸 소감을 말해 보기로 했다. 앞에서 진행하는 사람은 박사님의 아내이자 뉴스타트에 더욱 활기를 불어넣어 주는 본부장님이었는데, 손을 드는 사람이 없는지 두리번거렸다.

'저 앞에 나가서 말하려면 병에 차도가 있어야만 할 거야.'

뭔가 저 자리에 서려면 성과가 있어야 할 것 같았다. 29년을 경쟁 사회에서 살며 뿌리 깊게 박혀 있는 마음의 소리랄까. 같은 10일을 보냈어도 변화가 있는 사람이 있는 반면 없는 사람도 있다. 10일 간 모두가 똑같은 경험을 해도 같은 결과가 나오는 건 아니기 때문이다. 그러나 이 자리는 그런 성과를 발표하는 자리가 아니었다. 자신의 아픔을 타인과 공유하고 다짐을 이야기하는 자리였다.

누군가 손을 번쩍 들었다. 맨 앞자리에서 두 번째 줄에 앉은 건장한 남자 분이었다. 예전에 아내의 속을 많이 썩였다는 그 아저씨였다. 아저씨는 평소에도 힘이 넘쳤고, 작은 음악회 시간에도 열창을 하셨다. 남들에게 친절하기까지 해서 많은 사람들이 아저씨를 좋아했다. 댄스 시간에는 환자가 아닌데도 자처해서 배우러 나오신 분이다. 그분은 앞에 나와서 아내를 위해 기도했다. 그리고 사람들에게 감사를 표했다. 다른 한 분도 아픈 아내를 위해 나오셨다. 아내에게 힘을 주기 위해 앞에 서신 용기가 대단했다.

"마지막 한 명만 더 할게요."

본부장님은 용기를 북돋우며 누군가 나오기를 원하고 있었다. 이제껏 강의장 앞에 나온 사람은 두 분 다 보호자였다. '직접 병을 겪고 있는 사람이 나오면 좋을 텐데…'라고 생각하는 순간 이런 생각이 떠올랐다.

'내가 나가서 말하면 안 돼?'

그 생각을 하자 심장이 두근거렸다. 그리고 다른 생각이 또 들어왔다.

'아니야. 나는 암환자도 아닌걸. 내 이야기를 누가 듣고 싶어 해.'

뭐 어때? 암이든 아니든 여기서 고통은 누구보다도 많이 겪었는걸. 그리고 내 팔은 나도 모르게 허공을 찔렀다. 성령이 악령을 이긴 순간이었다. 본부장님은 깜짝 놀랐다. 그분은 첫날 율동 시간에 나에게 앞에 나가서 같이 해 보라고도 권유했었다. 그렇지만 그때의 나는 부끄러워 한사코 손을 저었었다. 그런데 마지막 시간에 내가 손을 든 것이다.

"아주 부끄러움이 많은 소녀가 저를 감동시키네요. 오늘 일어난 일 중에서 가장 놀라운 일입니다."

나는 앞으로 나갔고, 마이크가 손에 들렸다. 어떤 말을 할지 준비한 것도 없었다. 평소 유튜브 영상을 찍을 때는 말이 화수분처럼 나왔는데 여기 서니까 할 말이 생각나지 않았다.

5초 간의 정적이 흐르고, 이제는 말을 꺼내야 한다고 생각했다. 사람들은 다들 나만 쳐다보고 있었고, 마이크를 쥔 내 손은 덜덜 떨렸다. 앞에 앉아 있는 엄마를 보니 엄마도 꽤 놀란 눈치였다.

"안녕하세요. 저는 지금 작가 활동이랑 유튜브를 같이 하고 있는데요, 여기 있는 동안 많이 아팠어요."

일주일 내내 쉬지 않고 찾아온 고통에 10일 중 7일은 아픔을 견디며 프로그램에 참여했다. 그래도 나아 보겠다며 강의 시간에는 꼬박꼬박 참여했고, 아프지만 자리에 앉아 그 시간을 지켰다. 그리고 그 서러움이 지금 북받쳐 올랐다. 목소리가 점점 떨렸다. 한 번도 앞에서 말할 때 이런 적은 없었는데….

"그래도 박사님 강의 들을 때만큼은 그 고통이 잠깐씩 잊히더라고요. 여기 와서 많은 걸 새로 알게 되었고, 좋은 분들과 함께해서 너무 좋았습니다."

이야기를 거의 마칠 때쯤, 나는 폭탄 발언을 하고야 말았다.

"다음에 여기 올 때는 자원봉사자로 오겠습니다. 그리고 이곳에서 있었던 일을 책으로 쓰겠습니다!"

박수갈채가 쏟아졌고, 언제 오셨는지 옆자리에서 듣고 계셨던 박사님은 "역시 그럴 줄 알았어!"라며 박수를 치셨다. 박사님은 나에게서 뭔가를 느낀 걸까?

이 모습을 촬영하고 있던 자원봉사자 한 분은 나를 위로하듯 한마디 거드셨다.

"암도 아닌걸! 금방 나을 거야!"

그리고 본부장님은 앞으로 나와서 이야기했다.

"암이 아니라서 더 말하기 힘들었을 거예요. 자신의 병은 병도 아닌 취급을 받을까 봐요. 창작하는 사람들은 스트레스를 얼마나 많이 받겠어요. 그러다 보니 병도 나고. 그렇지만 이제는 다 알았으니까 괜찮아요."

이 말이 더 위로가 됐다. 여기 있을 때 힘들었던 점은 너무나 중증인 환자들이 많기에 내 병은 병도 아니라고 치부될까 봐 내 이야기를 심각하게 하지 못했다. 그렇지만 개개인의 아픔은 다 중요하다고 말하는 본부장님의 이야기에 눈물이 울컥 쏟아졌다.

박사님은 오늘 퇴소하는 사람들을 위해 마지막으로 말씀하셨다.

"눈은 마음의 등불이에요. 눈에는 좋은 눈과 나쁜 눈이 있어요. 나쁜 눈은 부정적인 것만 보는 눈을 뜻해요. 나는 안 나을 것 같다는 생각은 생각이 아니라 '사각'이에요. 악령이 넣어주는 생각. 그러면 유전자는 꺼지고, 몸은 빛으로 가득 찰 수가 없어요. 그러면 좋은 눈은 뭘까요? 지금 현실이 아무리 부정적일지라도 나는 아직 희망이 있다고 볼 수 있는 걸 말합니다."

좋은 것만 보고, 좋은 것만 듣고, 좋은 것만 생각하라는 말이 있다. 좋은 것만 보고 듣는다는 건 결국 내 마음을 꽃으로 가꾸라는 말이다.

"무조건적 사랑을 하는 신이 있다는 걸 잊어버리면, 의사가 3개월밖에 못 삽니다라고 할 때 고꾸라져 버려요."

몇 달 전, 병원을 찾았을 때 "혹이 너무 커졌다. 어떻게 이렇게 될 지경까지 놔뒀냐."라며 의사가 한숨을 쉬며 말할 때, 희망으로 가득 찼던 나의 기분도 저 밑바닥으로 곤두박질쳤다. 그 말 한마디에 말이다.

"제가 그런 분을 한 분 봤어요. 3개월밖에 못 산다는 의사 말을 들고 자리에서 벌떡 일어났는데 눈앞이 캄캄해지면서 쓰러질 뻔했답니다. 그 순간, 책상을 붙잡고 간신히 중심을 잡으면서 툭 튀어나온 말이 '당신이 신이오? 인명은 제천이오!'래요. 그렇게 말하고 나니 힘이 불쑥 났답니다."

아무도 날 도와주는 이 없다는 생각이 들 때, 절망 속에 빠졌을 때 신이 이렇게 속삭이는 것이었다.

"내가 있잖아!"

그리고 그 사람은 의사에게 "석 달 후에 봅시다!" 하고 자리를 떴다. 택시를 타고 가는데 기분이 이상하고, 왠지 좋은 일이 있을 것 같다는 생각을 했다. 그리고 집에 가서 아들에게 소식을 전했더니 아들은 서둘러 아버지를 데리고 뉴스타트 센터로 갔다. 알고 보니, 아들이 평소 이상구 박사님의 뉴스타트 강의를 유튜브로 듣고 있었던 것이다. 그렇게 아들의 권유로 이곳에 오셨고, 몸을 회복했다.

3개월 뒤, 의사 앞에 나타나니 의사가 깜짝 놀랐다. 죽을 거라 생각했던 사람이 그 전보다 더 건강해진 모습으로 멀쩡히 살아 돌아왔으니 말이다. 그리고 검사 결과, 암은 다 사라져 있었다.

이 모든 시작점은 작은 희망에서부터였다. 좋은 일이 생길 것 같다는 '좋은 것을 보는 눈'을 가졌기 때문이다. 그런데 우리는 때때로 이 눈을 잃어버린다. 나쁜 것만 보는 눈으로 갈아 낀다. 남을 비판할 때도 그 눈을 사용한다. 그 눈은 나를 서서히 병들게 만들고, 그 이유가 무엇 때문인지조차 모르게 만든다.

암을 치유한 사람의 말은 자신의 목숨을 내걸고 항암과 수술을 거부하면서 두려움과 싸워 나가는 과정을 담는다. 그 싸움에서 이긴 사람들은 모두 이렇게 생각했다.

'뭔가 좋은 일이 있을 것 같아!'

10일 간의 강의가 끝났고, 내가 작가라는 걸 처음 안 어르신 중 한 분이 내게 다가와 말했다.

"하느님이 좋은 이야깃거리를 주셨네요. 글을 잘 써 주길 바랍니다. 파이팅!"

무거운 책임감을 느꼈다. 내가 쓸 글들은 결코 가볍지 않겠구나!

Take time to deliberate, but when the time for action has arrived,

stop thinking and go in.

숙고할 시간을 가져라. 그러나 행동할 때가 오면 생각을 멈추고 뛰어들어라.

- 나폴레옹

신은
내 곁에 있었다

아침 강의가 끝나니 벌써 열한 시였다. 아빠는 2부 세미나까지 듣기로 하고 이곳에 혼자 남기로 했다.

인터넷을 찾아 보니 속초에서 대구로 가는 버스가 몇 대 없었다. 가장 가까운 시간대가 낮 두 시여서 예매를 하려는데, 매진이었다. 주말이라 사람이 꽉 찬 듯하다. 할 수 없이 저녁 여섯 시 표를 예매하고 리조트에서 기다렸다.

떠나기 전 우리는 주변을 산책했다. 언제 또 먼 길을 올지 몰라 주변 풍경을 하나씩 하나씩 눈에 담았다.

날이 저물고, 우리는 아빠에게 인사를 건네고 고속버스 정류장으로 향했다. 이제 직장에 나가야 하는 엄마와 유튜브 활동과 여러 가지 일을 해야 하는 나, 이렇게 둘만 대구로 가는 고속버스에 몸을 실었다.

버스를 타니 이미 저녁 여섯 시가 훌쩍 넘었다. 역시나 내 방광은 날 못살게 굴었다. 분명 버스를 타기 직전 화장실에 다녀왔는데도 버스를 탄 지 10분이 지나자 소변이 급했다. 이 상태로 휴게소까지 두 시간을 참는 건 무리였다. 어떻게 해야 할지 생각하며 발만 동동 구르고 있는 그때, 버스가 강릉 고속버스 터미널로 들어섰다. 그리고 1분이 넘는 시간 동안 정차해 있는 것이다. 이게 무슨 일인가 싶어서 기사님께 다가가 여쭸다.

"기사님, 화장실 좀 갔다 와도 될까요?"

"네! 10분 정도 시간 있어요."

이 버스는 강릉을 거쳐 가는데 강릉에서 출발 시간이 10분 넘게 남은 것이었다. '하늘이 날 살리는구나!' 생각하면서 화장실로 뛰어갔다. 화장실에서 신에게 감사드렸다. 그리고 편안한 마음으로 다시 버스를 탔다.

버스는 제 속력을 내며 달렸고, 어둑한 바깥은 가로등만이 빛을 내고 있었다. 나는 몸과 마음이 편안해진 상태로 버스 의자 등받이에 온몸을 기댔다. 곧 2부 저녁 강의가 시작할 시간이다. 엄마와 나는 이상구 박사님의 실시간 강의를 보려고 유튜브를 켰다. 떠나기 전, 엄마는 아빠에게 당부의 말을 했다.

"2부부터는 당신이 앞에 나가서 박사님 옆에서 율동해."

부끄러움을 없애고 용기를 냈으면 하는 바람에 요청한 것이었다. 우리는 달리는 고속버스 안에서 아빠가 진짜 앞에 나갔을까 기대하며 영상을 틀었다. 영상 속에서 박사님은 중간에 서 계셨고, 노래가 흘러나왔다. 그리고 바로 옆에, 하얀색 점퍼를 입은, 머리가 다 벗겨진 아빠의 얼굴이 보였다. 조금 쑥스러운 듯 몸짓을 작게 해서 율동을 하고 있었다. 아빠는 우리와의 약속을 지키기 위해 많은 용기를 내 올라갔다는 걸 안다. 엄마와 나는 영상 속의 아빠를 보자마자 서로를 쳐다보며 감탄했고, 웃음 지었다.

노래가 끝나자 강의가 시작됐고, 조용한 버스 안에서 박사님의 목소리는 점점 자장가가 되었다. 보다가 깜빡 졸았는데 옆을 쳐다보니 엄마는 아예 목이 꺾인 채로 잠에 빠져 있었다. 영상을 끄고 엄마 귀에 꽂힌 이어폰을 빼서 내 귀에 꽂았다. 그리고 소향의 '바람의 노래'를 틀었다. 잠시 혼자만의 시간을 갖는 게 좋았다.

창 밖으로 고개를 돌려 풍경이 빠르게 지나가는 모습을 멍하게 쳐다봤다. 감미로운 목소리가 전해졌고, 내 마음은 촉촉해졌다. 노래는 점점 클라이맥스로 가고 있었다.

나의 작은 지혜로는 알 수가 없네.
내가 아는 건 살아가는 방법뿐이야.

가사 하나하나에 공감이 갔다. 나이 서른이면 세상을 어느 정도 안다고 생각했다. 그런데 살아갈수록 내가 아는 건 단편에 불과했다.

보다 많은 실패와 고뇌의 시간이
비켜갈 수 없다는 걸 우린 깨달았네.
이제 그 해답이 사랑이라면
나는 이 세상 모든 것들을 사랑하겠네.

매번 듣던 노래인데 오늘따라 가사들이 다르게 들리는 건 왜일까.

작사가는 무엇을 알았던 걸까. 우리가 밝혀내지 못하는 수많은 기적이라 일컫는 것들이, 답을 알 수 없는 것들이 어쩌면 사랑으로 해결되는 일이 아닐까. 노래를 들으면서 사랑에 대해 생각했다.

그런데 이상한 현상이 일어났다. 창 밖의 가로등이 빨리 스쳐 지나갔고, 어둑했던 도로가 점점 밝아지더니 갑자기 빛이 내 주위로 가득 메워지는 듯했다. 그와 동시에 내가 살아왔던 순간들이 파노라마처럼 스쳐 지나갔다. 그중 힘들었던 순간들에 일시정지 되었다가 다시 재생되었다. 그리고 그런 순간들이 스쳐 지나가면서 이런 생각이 들었다. 중국에서는 어떻게 한 번도 아프지 않고 잘 지나갔을까. 어릴 적 사고들, 위기의 순간들이 떠올랐다. 중국에서 만약 복통이 왔다면 나는 누구를 부를 수도, 병원에 갈 수도 없었을 것이다. 그런 점들이 항상 의아했다. 매번 가지고 있던 질병도, 중국에서는 한 번도 아프거나 나를 위태롭게 한 적이 없었다. 아까도 강릉역이 아니었다면 나는 바지에 큰 실수를 하고 말았을 것이다. 상상만으로도 아찔했다.

그리고 깨달았다. 신은 내가 손쓸 수 있는 적당한 시간에 아프게 해 줬다. 절대 혼자 있는 시간에 나 혼자 힘든 일을 겪게 하지 않았다. 신이 이제껏 나를 보호해 줬다는 생각에 정신이 번쩍 들었다. 신은 내 곁에 항상 있었는데 내가 그 사실을 모르고 나 혼자라고 오해하고 슬퍼했다. 이제껏 인생은 나 혼자라고 생각하며 살았다. 편함을 추구하면서도 외로움을 느꼈다. 그런데 이제서야 깨달았다. 혼자라고 생각한 순간에도 나는 혼자가 아니었다! 신은 내 옆에서 항상 나를 지켜주고 있었다! 그 어떤 순간에도….

그렇게 의문점들이 한 번에 해결되면서 내 눈에서 뜨거운 눈물이

볼을 타고 흘렀다. 나는 드디어 무조건적인 사랑이 무엇인지 알았다. 나는 그 순간 신을 만난 것이다.

신을 만난 사람들 이야기를 책과 영화로 본 적이 있다. 그들이 말하는 그 순간의 공통점은 거대한 빛이나 따뜻함을 느끼고 눈물이 흘렀다는 것이다. 신을 만났다고 하는 사람들은 보통의 인간들이 하는 방식의 대화를 하지 않았다고 한다. 그냥 다 알 수 있었다고 했다. 나도 잠깐 신과 대화를 한 것이 아니었을까?

예전에 본 〈오두막〉이라는 영화가 갑자기 떠올랐다. 주인공의 딸이 유괴범에게 죽임을 당한다. 슬퍼하던 주인공에게 딸은 영혼으로 찾아와서 말한다. 하느님이 곁에 있어서 무섭지 않았다고. 주인공은 딸이 혼자 두려움에 떨었을 거라 걱정하고 곁을 지켜주지 못한 죄책감을 안고 살았다. 그러나 딸의 그 한마디로 아빠는 눈물을 흘리며 죄책감을 씻어 버린다.

〈겨울왕국〉의 마지막 장면, 엘사의 뜨거운 눈물이 안나를 녹게 만든 것도 사랑의 힘이었다. 〈인터스텔라〉에서도 인류 문제의 해결책은 딸에 대한 아빠의 사랑이었다. 수많은 영화의 결말이 사랑으로 끝날 수밖에 없는 것도 모든 일에 대한 답은 이것뿐이기 때문 아닐까?

그리고 엄마와 아빠가 나를 진심으로 사랑한다는 걸 알았다. 이제껏 부모님의 사랑을 오해했고, 부모님은 나를 깊이 사랑하지 않는다고 생각했다. 때때로 부모님의 사랑은 조건적일 때도 있었고, 무관심할 때도 있었다. 그러나 그 순간순간을 파헤쳐서 슬퍼하기보다는 전체를 생각했다. 분명 나를 사랑하는 순간도 많았다.

그걸 깨닫는 데 5분의 시간이 채 안 걸렸다. 그 순간 옆에서 자고 있던 엄마가 눈을 떴고, 나는 엄마에게 방금 있었던 일을 이야기했다. 엄마는 놀라며 말했다.

"엄마가 자길 잘했네. 성령은 혼자 있는 시간에 찾아온다더라."

그날은 낮 2시 표가 매진이었고, 어둠 속이라 엄마가 잠들었고, 그래서 혼자 조용히 생각할 수 있는 시간을 갖게 되었고, 하느님은 나를 찾아왔다. 그리고 이렇게 자신의 존재를 보여줬다.

"두려워하지 마라. 내가 있잖니."

나는 그 순간을 영원히 잊을 수 없을 것이다.

When we do the best that we can,

we never know what miracle is wrought in our life,

or in the life of another.

우리가 할 수 있는 최선을 다할 때,

우리 혹은 타인의 삶에

어떠한 기적이 나타나는지는 아무도 모른다.

-헬렌 켈러

죽음의 문턱을 넘은 사람 2
– 성공 끝에 찾아온 우울증

"스물여섯 살에 성공하고 싶고, 이름을 날리고 싶어서 미국으로 유학을 갔어요."

그녀는 그곳에서 열심히 공부해서 변호사가 되었다. 그리고 돈을 더 많이 벌기 위해 맨해튼에 있는 분양 아파트와 콘도들을 파는 회사에 들어갔다. 일을 잘하자 큰 회사에서 스카우트 제의를 받았고, 그녀는 부사장 자리까지 올랐다. 그녀가 만나는 사람들은 전세계 1%의 부자들이었고, 센트럴 파크가 내려다보이는 자리에 앉아서 똑똑한 인재들이 모인 미국 팀들을 이끄는 자신을 자랑스러워했다.

"제 생각보다 훨씬 더 잘된 것 같아요"

여기까지만 들으면 우리가 흔히 자기계발서에서 만날 수 있는 사람들 이야기다. 꿈을 좇아 유학을 갔고, 열심히 살아서 높은 위치까지 올라 많은 돈을 벌고 산다는 이야기. 그런데 그녀는 '오래오래 행복하게 살았습니다'의 동화 속 주인공이 아니었다.

"분명 성공했는데 안 행복했어요. 그때부터 가끔 즐기던 와인을 매일 두 병 정도씩 마시기 시작했지요."

그녀는 그렇게 3~4년을 보냈다. 그러던 어느날부터 갑자기 밤에 잠을 못 잤다. 이유도 모른 채 그런 나날들이 계속 이어졌다. 잠을 못 잔 지 두 달이 넘어가면서 소화가 안 되기 시작했고, 그로 인해 밥을 먹지 못하게 됐다. 소화기능에 좋다는 매실 엑기스를 달고 살았지만 별 도움이 안 됐다.

"그때부터 이상해졌어요. 내가 왜 이러지, 왜 이러지 하면서 어느새 4개월이 지났고, 이상한 증세가 나타났어요."

안압, 비염, 잇몸질환, 위염, 위산과다, 관절염 등 안 아픈 곳이 없었다. 다뇨증까지 걸리면서 10분마다 화장실에 가야 해서 아무 일도 할 수 없었다. 그녀는 병원으로 향했고, 각 과를 돌며 종합검진을 받으면서 원인을 찾으려 애썼다.

"아무 이상이 없네요."

의사에게 돌아온 대답은 이것뿐이었다. 그녀는 어쩔 줄을 몰랐다. 4개월 전만 해도 건강하게 일했던 자신이 이렇게 죽을 몰골을 하고 있다는 게 믿기지 않았다.

"이유도 없이 소화가 안 되니까 밥을 먹을 수가 없었어요. 근데 저는 그게 우울증이라는 걸 몰랐어요."

의사가 원인도 모른 채 약을 줬다. 그러나 그녀의 상태는 점점 더 나빠졌고, 집에서 업무들을 처리하면서 간신히 하루하루를 살아가고 있었다.

그렇게 9개월이 되어 갈 즈음 지인이 뉴스타트의 웹사이트를 알려 줬다. 아무것도 할 수 없었던 그녀는 그 웹사이트에 올라온 이상구 박사님의 영상들을 듣기 시작했다. 처음에는 그냥저냥 별 생각없이 듣고 있었는데 강의 중에 '우울증'에 대한 이야기가 나왔다. 그녀는 박사님이 말하는 모든 우울증에 대한 증상이 자신이 앓고 있는 현상과 똑같다는 걸 알고 놀랐다.

"그때 처음으로 제 병의 원인이 우울증으로 인한 자가면역질환인 걸 알았어요."

그녀는 그 강의들을 잠잘 때나 깨어 있을 때나 수도 없이 틀어놓고 듣기를 반복했다. 그렇게 한 달을 들었을 때쯤 그녀는 자신이 뉴스타트의 여덟 가지 가르침 중 'T^{trust} 믿는 것'밖에 안 하고 있었다는 사실을 깨달았다.

"일단 걷는 것부터 하자고 생각했죠."

그녀는 집 앞에 있는 아름다운 바닷가를 조금씩 걷기 시작했다. 첫날은 5분, 그 다음날은 10분. 그렇게 일주일을 걸으니 30분을 걸을 수 있게 되었다.

"힘이 있어서 한 건 아니었어요. 너무 힘들었어요. 억지로 했어요."

그녀는 평소에 안 먹던 채소도 먹었다. 시금치를 데쳐 먹고, 된장도 끓여 먹었다. 소화가 되는 것 같기도 하고 안 되는 것 같기도 했다. 그냥 먹었다. 그 와중에 박사님의 강의 영상은 계속 들었다. 들었던 강의를 듣고 또 들은 이유는 사람의 두뇌 기능은 의식이 5%이고, 무의식이 95%인데 무의식에 저장되게 하기 위해서였다. 그리고 어느 날 잠들어 있는 본인을 발견했다.

"저녁 여섯 시만 되면 밤이 오는 게 너무 무서웠어요. 그런데 멜라

토닌이 없어서 그렇다는 걸 강의로 알게 되었고, 머리로 원리를 이해하니까 위로가 되더라고요. 그래서 낮에 햇빛을 받으려고 노력했고, 조금씩 잘 수 있게 됐어요."

어느샌가 그녀는 세 끼를 다 먹고, 운동도 하면서 조금씩 정상적인 삶으로 돌아가고 있었다. 먹고, 자고, 싸는 게 다 되었다.

"친구들이 위로한다고 해주는 말은 하나도 도움이 안 됐어요. 그래서 사람도 안 만나고 박사님 강의를 더 열심히 들었지요."

그렇게 뉴스타트를 열심히 하고 나니까 꺼졌던 유전자들이 켜졌고, 세포들이 정상적으로 일을 하기 시작했다. 그랬더니 안압, 비염, 잇몸 질환도 나았고, 끊겼던 생리도 다시 시작했다. 무좀도 없어져 있었다. 그렇게 뉴스타트를 한 지 3개월이 지나고 나서 자신이 왜 그런 병에 걸린지를 알게 되었다.

"사람들이 말하는 성공, 돈을 많이 벌고 남들이 알아주는 인생을 위해 열심히 살았어요. 잠깐 행복할 때도 있었지만 그것들이 나를 기쁘게 하는 게 아님을 알았어요. 그리고 든 생각이 나도 한국에 가서 소소하고 아기자기하게 살고 싶다였어요."

미국의 1% 부자들을 만나면서 그녀는 피가 말린다는 생각을 자주 했다. 부자인 만큼 그들의 성격은 깐깐했고, 그들을 대면하는 일이 무서웠지만 그 자리를 포기하는 건 더 싫었다. 한국에서 아기자기하게 된장국을 끓여 먹으면서 사는 게 그녀의 무의식이 원하는 삶이었다. 그러나 그렇게 진짜 원하는 것과 남들의 시선을 생각하며 살던 실제 생활 사이에서 충돌이 일어나면서 그녀를 밝히던 유전자가 다 꺼지고 우울증에 걸려 버린 것이다.

그녀는 조금씩 낫기 시작할 때쯤, 미국에서의 성공한 삶을 버리고 한국으로 와 아픈 사람들을 도와주며 행복하게 살고 있는 박사님의 이야기를 듣고 마음을 굳혔다. 그리고 남편한테 선언했다.

"우리 한국 가서 살자."

남편은 홍콩 사람인데 미국에서 이미 사업을 벌여 놓은 상태였다. 남편은 어이가 없다는 표정으로 그녀를 바라봤다.

"한국 가서 뭐할 건데?"

"막상 가면 많은 일이 있을 거야."

사실 그녀도 계획이 있는 건 아니었다. 무엇을 해서 먹고 살아야 할지 막막하긴 마찬가지였다.

"그럼, 3일만 시간을 줘."

3일의 기간 동안 남편은 한국으로 가겠다는 결정을 내렸고, 사업을 정리했다. 그리고 그녀에게 말했다.

"네가 있는 곳이 내가 있는 곳이야."

그녀는 아직도 그때를 생각하면 너무 감동적이었다며 미소를 지었다. 많이 낫긴 했지만 문제가 많았던 그녀의 몸은 그녀가 원하는 삶을 선택한 후 순식간에 회복되었다.

"처음으로 아침에 일어나는 게 안 피곤했어요."

그녀가 한국에 와서 제일 먼저 한 것은 인터넷으로만 봤던 뉴스타트 센터를 직접 가 보는 것이었다. 그곳은 주방에서 봉사하는 사람들을 항상 구한다. 그녀는 자원봉사자 신청을 했다. 그리고 신청이 받아들여졌을 때, 기뻐서 소리를 질렀다. 그 모습을 보고 남편은 놀랐다.

"원래 저런 일에 기뻐하는 사람이 아니었는데…."

그녀는 이제껏 큰돈을 다루는 사람들을 상대했기 때문에 모든 것들을 조건적으로 봤다. 돈이 되냐 안 되냐만 따지며 살았고, 맛있는 걸 먹어도 맛있는 줄 몰랐고, 좋은 곳을 가도 항상 딴생각만 했다.

"이곳 주방에서 이모님들이 사람들을 위해 정성껏 음식을 만드는 모습을 보면서 많은 걸 느꼈어요. 세상에 있는 모든 것들이 아름다워 보이더라고요. 여기서 주방보조 일를 하면서 송이버섯이 그렇게 예쁜 줄 처음 알았잖아요."

그녀는 병에 걸려서 해결법을 찾다 보니 여기까지 왔다며 기뻐했다. 이렇게 행복해지는 길을 찾을 줄도 몰랐다. 그녀는 자신이 병에 걸린 건 행복하지 않았던 자신의 인생을 바꿀 수 있는 기회였다고 말한다. 그녀에게 아팠던 날들은 지나고 보니 행운이었다.

"제가 작년에 죽을 만큼 아팠다는 걸 아무도 믿지 않아요. 지금 저의 상태는 기적입니다. 그 어떤 날보다 지금 행복해요."

자신의 입으로 당당하게 난 행복하다고 말하는 사람이 이 세상에 많아졌으면 한다.

대단한 사람이 되고 싶었어

엄마는 어릴 적에 죽을 뻔한 일이 여러 번 있었다. 얼마나 힘든 일이 많았으면 세 살 때, 그 갓난아기 시절의 일까지 기억하는 걸까. 그에 비하면 나의 어린 시절은 생각도 안 날 만큼 평범했고, 위험한 일도 물론 없었다.

1963년, 가난한 시골집 4남매의 장녀로 태어난 엄마는 어릴 때부터 집안의 가장 노릇을 해야 했다. 외할아버지는 만난 적 없지만 엄마에게 가장 많은 열등감을 심어 준 사람이다. 물론 사랑도 줬지만 말이다. 엄마는 술만 마시면 평소 사람들 앞에서 꾹꾹 눌러놓은 열등감이 튀어나와 정신 나간 사람이 되는 아버지 밑에서 어린 동생들을 업고 재우고 먹이고 했다.

일곱 살 추운 겨울, 엄마는 땔감을 구하러 지게를 메고 산으로 올라갔다. 그때는 따뜻하게 입을 수 있는 외투도 없었다. 바들바들 몸을 떨며 땔감을 구해 집으로 향하던 도중, 발을 잘못 디뎌 넘어지면서 굴러

떨어졌다. 다행히 산등성이에 있는 나무에 발이 걸렸고, 놀람이 채 가시기 전, 나무에 매달려 언제 떨어질지 모르는 불안감과 공포심에 떨어야 했다. 엄마는 도와주는 이 하나 없이 혼자 살 방법을 궁리해 겨우 집으로 돌아갈 수 있었다.

엄마가 열한 살이었을 때는 과자나 아이스크림이 귀했다. 정말 특별한 날이어야 달콤한 간식을 먹을 수 있었는데 어느 날, 우연히 사탕 한 개를 얻게 되었다. 엄마는 기쁜 마음에 입으로 쏙 넣었는데 사탕이 하필 목에 걸려 버렸다. 그 상태로 숨을 못 쉬어서 켁켁거리고 있는데 다행히 엄마의 할머니가 그걸 보시고 달려와서 사탕을 뱉을 수 있게 해 주셨다.

그리고 그해 겨울, 어떻게 다친지도 모르게 엄지발가락이 퉁퉁 부었다. 당시엔 제대로 된 약도 없었고, 병원은 걸어갈 수 없는 거리에 있어서 치료도 받지 못했다. 열이 올라 빨갛게 부은 발가락을 붙잡으며 엄마와 엄마의 할머니는 밤새 뜬눈으로 며칠을 보냈다.

어릴 때부터 엄마는 낮에는 일하고, 밤에는 술 취한 외할아버지 때문에 덜덜 떨며 밤을 새웠다. 그래도 다행히 서글픈 엄마의 삶에 엄마의 할머니는 신이 주신 선물이었다. 엄마를 너무 사랑한 엄마의 할머니는 앓는 엄마를 안아주고 달래 주었다. 엄마의 부모님보다 더 큰 방패막이였고, 외할아버지가 아직 어린 나이인 엄마에게 돈을 벌라고 멀리 공장으로 보냈을 때도 엄마의 할머니가 앓아누우며 다시 데려오라고 해서 엄마는 그 공장을 벗어날 수 있었다. 나의 증조외할머니는 엄마가 사랑이라는 감정을 주고받은 유일한 상대이다. 엄마는 지금도 그분을 생각하면 마음이 따뜻해진다고 한다.

그래도 엄마의 인생은 하루하루 살아남기에 바빴다. 결혼하면 좀 나아질까 했지만 허구한 날 외할아버지처럼 술 먹고 들어오는 아빠를 감당해야 했다. 엄마는 그때의 일을 생각하며 자신이 이 나이까지 멀쩡하게 살아서 생활하고 있는 게 용하다고 했다. 그런데 한 가지 의문이 든다고 했다. 그렇게 여러 번 죽을 뻔한 순간에 어떻게 살 수 있었을까. 위험에 빠진 엄마를 다시 살 수 있게 해준 신의 의도는 뭐였을까?

그 의문에 나는 한동안 답을 못 찾았다. 그러다가 달리는 버스 안에서 성령을 만날 날 엄마에게 이야기했다.

"엄마는 나를 낳기 위해서 이렇게까지 살아남은 것 아닐까?"

아무도 도와주지 않는 엄마의 인생에서 엄마의 편을 만들고 그 편이 엄마를 다시 뛰게 만들어 주기 위해서. 실제로도 그랬다. 엄마는 내가 아주 어릴 적부터 모든 걱정과 고민거리들을 나에게 말했다. 나는 딸답지 않게 엄마 마음을 잘 위로해 주고, 가끔씩은 따끔하게 충고도 해주는 세상에 하나밖에 없는 존재다.

사실 난 한 번도 왜 사는지에 대한 고민을 해 본 적이 없다. 내 삶의 의미가 뭔지, 내가 이 세상에 왜 태어난 건지 생각해 보지 않았다. 그냥 누구나 결혼하면 애를 낳듯 태어났고, 다행히 하고 싶은 일이 계속 있었기에 그걸 향해 달려가서 성취하는 게 인생의 의미라고 생각했다. 그런데 종종 원하는 걸 성취하고 나서 인생의 의미를 다시 찾는 사람들이 있다. 그 뒤로는 항상 행복할 거라 생각했는데, 그 이후로 삶의 허무함을 느끼고 범죄를 저지르는 사람들을 봤다.

아직 뭔가를 이뤄 보지 않은 사람 입장에서는 그런 행동들이 아이러니하게 느껴졌다. 그러나 그 사람들은 그제야 남들이 생각하는 대단한 성공은 알맹이가 없다는 걸 깨달은 것이다. 인생의 의미를 다시 생각해 보게 된 시작점이었던 것이다. 그 시작점에서 올바른 길을 택할 수도, 나쁜 길을 택할 수도 있다. 그러나 진정한 삶의 의미를 찾을 때 그 중심이 '나'에게서 '타인'으로 옮겨질 때, 그때 인생이 변하기 시작한다.

톨스토이는 "세상에서 가장 중요한 때는 바로 지금이고, 가장 중요한 사람은 지금 함께 있는 사람이며, 가장 중요한 일은 지금 곁에 있는 사람을 위해 좋은 일을 하는 것"이라고 말했다.

사람은 인생의 의미를 나 혼자를 두고 생각하면 답이 안 나올 때가 있다. 나는 나의 삶을 곰곰이 들여다 봤다. 내가 가장 돕고 싶은 사람은 누구일까. 어쩌면 나의 삶의 의미는 엄마가 아닐까 싶다. 엄마의 엄마가 되고 싶다는 생각을 종종 했다. 내가 엄마의 엄마가 된다면 내가 엄마에게 받은 것처럼 어릴 때 받지 못한 교육을 받게 해주고, 맛있는 음식도 사주고, 좋은 곳에도 데려가 주고 싶었다.

그래서 톨스토이가 말한 것처럼 좋은 일을 하나 하기로 했다. 엄마 스스로의 돈으로는 절대 못 사는 물건들이 있다. 그래서 회사 다니면서 월급이 들어올 때는 샤넬 향수와 립스틱 등을 매번 한국에 올 때마다 사 들고 왔다. 그러면 엄마는 립스틱을 한 번 바르고는 다시 상자에 넣어 다닐 만큼 소중히 아꼈다. 그런데 퇴사한 이후 몇 년 동안 돈이 부족하다는 핑계로 엄마에게 선물 하나 못 했다. 그래서 오랜만에 엄마에게 줄 선물을 준비했다. 항상 영어 공부를 하고 싶어 했지만 돈이 아까워 제대로 된 강의 한 번 들어본 적 없는 엄마를 위해 영어 회화 학습지를 신청한 것이다.

"엄마! 영어 학습지 신청했으니까 하고 싶을 때 공부해."

"돈 들구로 말라 그런 거 하노~."

한사코 딸이 돈 쓰는 걸 반대하다가도 모레 학습지 도착하니까 열심히 공부하라는 말에 얼굴 표정이 밝아지면서 목소리 톤이 급격히 올라갔다.

"진짜? 기대된다! 이번에는 진짜 제대로 공부해 봐야지!"

"엄마 공부 열심히 해서 나중에 시니어를 위한 영어 강의도 해!"

60대에게 이런 꿈을 심어 주는 게 너무한가 싶다가도 엄마는 스스로를 절대 60이라고 생각하지 않는다는 걸 깨달았다. 엄마는 자신을 아직 배우고 싶은 게 많은 20대라고 여기는 듯했다.

'죽기 전까지 하고 싶은 거 다 하게 해주자!'

삶을 사는 데에는 너무 거창한 목표를 세우지 않아도 된다. 그저 내 옆의 소중한 사람을 위해 내가 사랑하는 대상을 더 사랑하고, 좋은 사람이 되도록 노력하는 것, 그리고 그 과정에서 행복을 느끼는 것, 그것이 삶을 사는 의미 아닐까?

어릴 때는 대단한 사람이 되고 싶었다. 거창한 일을 하고 싶었고, 사람들이 우와! 하며 우러러볼 수 있는 사람이 되고 싶었다. 그러나 지금 나는 그런 생각을 버렸다. 대단한 사람이 되지 않아도 된다. 내가 느낀 것을 공유하고 도움받을 수 있는 사람이 내 곁에 한 명이라도 있다면 나는 진실하고 선한 일을 하고 있기에 그 자체로 이미 훌륭한 인간이다.

당신은 인생의 기쁨을 찾았나요?

당신의 인생에 후회가 없도록 꼭 해 보고 싶은 것들을 버킷리스트로 써 보세요.
이루지 못할 소망이라고 해도 하고 싶은 것들을 적어 보는 것만으로도 생각지 못
한 기쁨과 기대가 샘솟는 걸 느낄 수 있을 거예요.

내면 치유하기

1. 이제껏 미안했던 누군가에게 사과하기

누군가에게 잘못했던 기억은 나를 조금씩 가라앉게 만들고, 어떤 일에도 자신감이 떨어지게 만든다. 그렇게 행동했던 스스로를 용서하고 진심으로 사죄하는 과정을 거치면 마음이 한결 후련해진다.

2. 미워했던 사람이나 오해했던 사람들에 대해 다시 생각하기

우리는 무의식적으로 나와 맞는 사람과 아닌 사람을 구별한다. 그 과정에서 남을 오해하기도 하고, 그 사람을 향해 부정적인 감정을 품는다. 그런데 나중에 알고 보니 그 사람이 나를 좋아하는 경우가 있다. 부정적인 감정을 가진 나만 손해다. 사람들의 의도를 나 혼자만의 해석으로 오해하고 미워하지 말자.

3. 가장 순수했던 시절 무엇을 좋아했는지 생각해 보기

세상이 원하는 성공을 자신이 원하는 성공이라고 착각할 때가 있다. 자신이 진정으로 편안함을 느끼는 목표가 무엇인지 들여다보고 설사 그것이 사람들이 생각하는 성공이 아니라 할지라도 스스로는 인정해야 한다. 돈과 명예를 중요시했던 나는 사실 예전부터 소박한 삶을 원했다. 이제서야 그걸 받아들이기 시작했고, 그 삶대로 살다 보니 자연스레 행복해졌다.

4. 아무도 보는 사람이 없을 때 어떻게 행동하고 싶은지 떠올려 보기

- 비가 오면 비를 맞으면서 뛰기
- 야외에서 노래 들으며 맘껏 춤추기
- 영화처럼 도로 한가운데에 누워 보기
- 따스한 햇살 아래 누워 구름 감상하기
- 잠 오면 낮잠 자기

5. 사랑받고 있다고 믿기

신은 특별히 나를 좋아한다. 그리고 내가 잘되기를 누구보다 바라고 있다. 그 생각만 떠올려도 힘이 난다. 부모님이 안 계실 수도 있다. 친구가 없을 수도 있다. 그러나 신이 도와준다고 믿고, 내 주위를 좋은 사람들로 다시 채우면 된다. 거기서부터 시작하자.

Chapter 4
신은 언제나 답을 준다

다시 떠나다

⌣

밤 11시. 우리는 드디어 집에 도착했다. 설을 맞은 주말 저녁이라 그런지 아파트에 들어서니 쓰레기 소각장에서 온갖 구역질 나는 냄새들이 코를 찔렀다. 여섯 시간 전만 해도 설악산 리조트에서 깨끗한 공기를 마시고 있었는데, 그때가 꿈만 같았다.

그래도 집은 역시 집이다. 들어서자마자 거실에 내팽개치듯 짐을 두고 얼른 포근한 침대로 달려갔다. 푹신한 이불과 매트리스에 몸이 나른해졌다. 고개를 돌려 방을 둘러봤다. 낯설었다. 떠나기 전과 지금, 같은 모습의 집이지만 나는 달라져 돌아왔다. 그래서 그런지 방의 분위기도 달라 보였다. 시공간이 약간 휜 느낌이랄까. 그렇게 그대로 잠에 빠졌다.

다음 날, 아침 7시에 일어나 엄마와 난 뉴스타트 센터에서 하던 것처럼 유튜브를 틀고 아침체조를 시작했다. 환경은 달랐지만 30분의 동작으로 몸이 개운해졌다. 식탁 위 반찬도 채소들이 가득했고, 매일 아침 나누던 대화의 주제도 달라졌다. 예전엔 대부분이 엄마의 친정 식구들에 대한 불만이 주제였다면, 엄마는 이제 그 이야기를 하지 않았다. 달라지기로 결심한 듯 보였다. 우리는 좋은 이야기만 했다.

하루 이틀은 괜찮았다. 그러나 일주일쯤 지나자 엄마는 다시 예전으로 돌아가는 듯 보였다. 특히 회사를 다니는 엄마는 회사에서 사람들과 있었던 일들과 할머니의 변덕스런 전화로 매일 뿔이 나 있었고, 베타파를 알파파로 바꾸는 노력을 게을리하지 않아야 한다는 박사님의 말은 온데간데없고, 그들에 대한 불만만을 토로했다.

그럴 때마다 나는 엄마를 진정시켰다. 그러나 나도 사람인지라 엄마의 감정에 휘둘리게 마련이고, 신경이 쓰였다. 마음 한구석이 계속 찝찝해져 갔고, 이대로면 나 또한 예전의 내 모습으로 돌아가는 건 일도 아니라는 생각에 불안해졌다.

'NEWSTART가 내 몸에 완전히 스며들기 전까지 나는 따로 떨어져 있어야겠어. 그런데 당장 어디로 가지?'

도시는 싫었다. 도시에 집을 구하는 거라면 떠나는 게 큰 의미가 없었다. 갑자기 시골로 이사를 가기도 상황이 여의치 않았다. 어떻게 하면 좋을까 고민하던 차에 친구에게 연락이 왔다. 중학교 때부터 친하게 지내던 친구라 평소 자주 연락을 했는데 그날 뜻밖의 소식을 전했다.

"나 파주로 발령났어. 다음 달에 바로 짐 옮겨야 해."

친구는 직장 때문에 도시에서 약간 떨어진 외진 곳에서 살고 있었다. 짐이야 옮기면 된다지만 한 가지 걸리는 게 있었는데 집 계약 만료기간이 아직 7개월이나 남아 있었던 것이다. 갑자기 집을 비우면 위약금을 물어야 하는 등 골치가 아프다고 했다. 나는 친구 집에 한 번씩 놀러갔던 터라 친구 집이 어디 있는지, 내부는 어떤지 잘 알고 있었다. 지금 사는 곳과 그리 멀지 않은 곳이라 필요할 때마다 왔다갔다 하기도 편하다. 때마침 학원도 그만둔 상태라 굳이 대구에 있을 필요가 없었다. 내가 원하던 대로 상황이 딱딱 맞게 흘러갔다. 그래서 바로 친구에게 연락했다.

"내가 남은 기간 거기서 살게."

최대한 짐을 적게 쌌다. 상의 세 개와 하의 두 개 그리고 컴퓨터와 책 세 권을 챙겼다. 그곳에서는 만날 사람도 없었고, 잘 보일 사람도 없었다. 그냥 자연인처럼 '나'인 채로 자유롭게 살면 되는 곳이었다. 간섭할 사람도 없어서 좋았다. 엄마는 급하게 내린 나의 결정을 응원해 줬고, 남동생이 도와줘서 무거운 짐들을 차에 실었다. 나는 엄마를 안으면서 말했다.

"한 달 뒤 병원 가는 날에 올게."

"있는 동안 음식 잘 챙겨 먹어."

엄마는 끝까지 내 몸 걱정뿐이다.

그렇게 나는 집에 온 지 일주일 만에 다시 집을 떠났다. 날씨가 유독 좋았다. 아직 겨울이 끝나지 않았지만 햇살이 따뜻했고, 뭉게구름이 꽃처럼 피어 있었다. 라디오에서는 갑자기 따뜻해진 날씨로 등산객들이 많다는 방송이 흘러나왔다. 잠시 설악산 리조트를 떠올렸다. 조금 더 따뜻해지면 그곳은 얼마나 더 아름다울까. 시원한 바람을 맞으며 차는 내달렸고, 도시를 벗어나자 차들은 점점 줄어들고 온통 나무들이다. 그렇게 한 시간이 채 안 돼 친구 집에 도착했다.

뇌에 휴식을 주는 멍 때리기

우리의 뇌는 휴식이 필요하면 전두엽의 기능이 떨어져 판단력이 흐려지고 충동적
으로 변한다고 합니다. 이때 필요한 것이 '멍 때리기'인데요, 가장 이상적인 멍
때리기는 하루 5회, 음악과 소음이 없는 정리가 잘된 안정적인 곳에서 가만히
앉아 아무 생각을 하지 않는 것이라고 합니다. 하루에 한 번씩이라도 퇴근 후나
점심시간 등 시간을 정해 멍 때리는 시간을 가져 보는 건 어떨까요?

나는 이 집이 유독 좋았다. 일단 월세가 비싸지 않은, 혼자 살기에는 넓은 평수의 거실이 있는 투 룸이었다. 서울의 고시원에서 지내면서 좁은 공간에서의 끔찍함을 경험했다. 걸어다닐 곳 없는 공간에서의 생활은 사고를 피폐하게 만들었고, 몸도 점점 굳게 만들었다. 그런 곳에서 오랫동안 지내면 우울증이 오겠다는 생각이 들 정도였다.

강남의 원룸에 살 때는 바로 옆집에서 20대 초반의 남자 둘이 밤만 되면 힙합 노래를 틀어놨다. 매일 연속 야근을 마치고 집에 오면 시끄러운 소리에 마음 편하게 쉬지도 못했다. 여자 혼자 그 집의 문을 두드리기가 무서워 밤에는 잠을 잘 못 잤고, 아침에는 짜증의 혼돈 속에서 눈을 떴다. 이게 사는 건가라는 생각이 매일 들었다. 그런데 이곳은 넓은 거실과 아늑한 방, 옷방까지 완벽했다. 그리고 가장 마음에 들었던 건 집을 나서면 보이는 시골 풍경이었다.

눈앞으로 기와집과 산이 펼쳐져 있고, 새들이 지저귀는 소리가 들린다. 그리고 앞으로 몇 발짝 더 가면 냇가가 있다. 돌과 수풀 사이로 물이 졸졸 흐르는데, 아침에 산책을 가면 오리가 아침 세수를 하고 있기도 하고, 두루미가 어디선가 날아와 놀고 있기도 한다. 간절히 원하던 조용하고도 평화로운 시골 풍경이었다. 마음이 너무 편했다.

다시 시작해 보는 거야!

NEWSTART를
시작하다

⌣

10일 간의 프로그램이 끝나고 집에서 제일 먼저 해야겠다고 생각한 건 영상 편집이었다. 뉴스타트 센터에서 생활하며 찍은 영상들을 사람들에게 널리 알려야겠다는 생각이 들었다. 영상은 며칠에 걸쳐 완성됐고 곧장 유튜브에 올렸다. 뉴스타트 센터 직원 한 분이 내 영상을 보고 댓글을 달았다.

'이번에 만드신 영상들 홈페이지에 올려도 될까요?'

그곳에서 유일하게 20대였던 나와 그 직원은 '젊은 사람'이라는 공통점 하나로 이야기를 나누고, 친해졌다. 그때 내가 운영하고 있는 유튜브 채널을 알려 줬고, 그분은 나의 영상을 꾸준히 시청했다.

뉴스타트 센터에서 2부 프로그램에 참여하고 있는 아빠는 우리에게 그곳의 소식을 전해 줬다.

"강의 시작 전에 네가 만든 유튜브 영상을 틀어 주더라!"

아빠는 자랑스러운 나머지 옆 사람에게 "제 딸이 만든 거예요."라고 자랑했다고 한다. 그 이야기를 듣고 내 어깨도 덩달아 으쓱했다. 내가 좋은 일을 하고 있다는 사실이 나의 자긍심을 한껏 올려주었다.

뉴스타트 프로그램에 다녀와서 달라진 점 중 하나는 세상을 조금 다른 시선으로 이해하게 된 것이다. 책을 고르는 눈높이도 달라졌고, 읽을 때의 이해의 깊이도 달랐다.

기술적인 공부만 이야기하고 있는 요즘과는 다르게 공부에 관해 심도 있게 진리를 이야기하는 『공부하는 삶』이라는 책이 있다. 이 책은 1920년도에 출판되었는데 저자는 신부이면서 철학교수였다. 책에서는 이렇게 말한다.

> 병이 있으면 생산량이 줄어든다. 병은 집중력을 떨어뜨린다. 또 상상력에 영향을 주고 통증에 신경질적으로 반응하게 함으로써 판단력을 흐린다. 위가 병들면 그 사람의 성격이 변하고, 성격이 변하면 사유가 변한다. 레오파르디가 병약하거나 불구가 되지 않았더라도 과연 염세론자가 되었을까?

여기 나오는 '레오파르디'라는 인물은 이탈리아의 시인으로 여러 언어에 정통하고 똑똑했다. 그러나 지나친 공부 탓으로 열일곱 살이 되던 해부터 척추가 굽고, 구루병, 결핵 등 육체적인 고통에 일생 동안 시달렸다.

'건강한 신체에 건강한 정신이 깃든다'라는 말이 있다. 몸이 약했고, 끊임없는 고통에 시달렸던 그가 세상의 행복과 아름다움을 이야기하는 시를 쓸 수 없게 된 건 어쩌면 당연한 결과가 아니었나라는 생각이 든다. 자신이 원하는 일을 지속하기 위해서라도 건강은 무엇보다 중요하다.

나 또한 30대를 바라보면서 평소의 생활습관들을 다시 되돌아보게 되었다. 글을 쓴다는 핑계로, 영상을 편집한다는 핑계로 하루 중 일어나서 걸을 때가 화장실 갈 때 빼고는 없었다. 회사에 다닐 때도 출근하면 하루 종일 앉아 있다가 눕는 생활의 반복이었다. 그러다 가끔, 아니 자주 밤을 새기도 하고, 끼니도 대충 해결했다. 그러니 원래도 건강하지 않았던 내 몸이 아프다는 신호를 보내는 건 당연하다.

직장인들의 대부분이 이런 상태가 아닐까 싶다. 야근을 밥 먹듯이 하는 생활습관으로 허리가 아파 오고, 소화불량에 어깨 통증까지 호소하면서도 의자 앞에 앉아 있어야 한다. 지인들 중 오래 책상에 앉아 있는 사람들 대부분이 어깨와 허리 통증을 호소한다. 지인과 통화하던 중 이런 말까지 들었다.

"나는 열심히 돈 벌어서 죄다 병원에 갖다 주고 있어."

요즘엔 상해에서 같이 일했던 언니의 말들이 자주 생각난다. 나는 회사에서 제공해 준 숙소에서 지냈는데 그곳에서 같이 지낸 두 살 위 언니는 건강에 굉장히 신경 썼다. 언니는 쉬는 날이면 자전거를 타고 하루 종일 운동을 하러 나갔고, 평소 음식도 도시락을 싸서 다녔다. 한국 음식 재료를 구하려면 한인마트까지 가야 하는 타지에서 된장국과 잡곡밥을 해 먹기까지 했다. 이 언니와 편의점에 같이 갈 일이 있으면 편의점 음식들을 하나하나 꺼내서 이것들이 얼마나 몸에 안 좋은지 설명해 주곤 했다.

"여기 안에 든 크림, 어떻게 만들었는지도 모르잖아. 그리고 여기

들어 있는 방부제 같은 화학성분이 내 몸에 들어간다고 생각해 봐!"

열정적으로 설명하는 언니를 보며 난 말했다.

"언니, 그냥 건강 관련 콘텐츠 하나 만들어서 유튜브에서 쏟아 내."

그때는 그런 언니가 재밌게 느껴졌다. 저렇게까지 해서 먹어야 하나 생각했다. 너무 귀찮아 보였다. 이렇게 맛있는 음식이 많은 중국에서 된장국과 나물이라니. 나는 향신료는 포기 못해! 절대 언니처럼은 못 먹겠다고 손사래를 쳤다. 그냥 대충 식당에서 주는 맛있는 음식들을 먹고 살면 안 되나 했다.

돌아보면 언니처럼 먹는 게 맞았다. 그렇게 남들이 보기에 별나게 자신의 건강을 챙기는 게 현명한 거였다. 직접 음식을 해서 다니는 언니를 보면서 대단하다고 생각했는데 이제는 내가 그렇게 하고 있다. 지난날, 몸을 함부로 방치했던 시간들을 반성하고, 이제는 그곳에서 배운 것들을 실천할 때이다. 예전에는 무슨 큰 효과가 있겠냐며 무시한 것들을 나의 일상에 데려오기로 했다.

눈을 뜨면 일단 창문부터 열었다. 창문 밖으로 얼굴을 내밀어 따뜻한 햇살을 한껏 누리면 마음이 편안해진다. 그리고 컴퓨터를 켜 따라 할 체조 영상을 틀고 30분 동안 따라한다. 체조를 할 때 가장 중요한 것은 숨을 크게 쉬는 것이다. 숨을 크게 쉬면 스트레칭 하는 부위의 모세혈관에 피가 더 잘 공급된다. 일할 때는 거의 숨을 얕게 쉬기 때문에 체조를 할 때만이라도 일부러 의식하면서 숨을 쉰다.

그리고 아무리 바빠도 30분은 짬을 내서 바깥으로 나갔다. 햇빛을 온몸으로 받고, 산책로를 걷다 보면 일할 때 받은 스트레스와 해결하지 못했던 고민들이 술술 풀리기도 한다. 최소 15분에서 20분 정도는

밖에서 멍하게 있거나 산책을 하면서 햇빛을 온몸으로 받아야 한다. 외국에는 햇빛 아래에서 일광욕하는 삶이 너무 자연스러운데 우리는 아직 어색하다. 나중에 나도 마당이 생기면 수영장에 있는 선베드를 갖다 놓고 햇빛을 쬐며 누워 있고 싶다.

처음에는 일하는 중간에 나가는 게 너무 귀찮았고, 일의 흐름도 끊긴다는 생각이 들었다. 그렇지만 일은 오래 한다고 좋은 게 아니다. 휴식이 없으면 능률도 안 오른다. 사람은 계속 같은 강도로 일을 이어나가는 게 불가능하기 때문이다. 그래서 햇빛 쬐는 시간을 하루의 계획표에 넣고 꼭 해야 하는 일 중 중요한 것으로 표시해 놨다.

가장 큰 문제는 음식이었다. 설악산에 있을 때는 채식으로 밥을 맛있게 해주시는 분이 계셨지만 나는 요리라고는 라면도 제대로 못 끓이는 똥손이다. 다행히도 뉴스타트 프로그램이 끝나기 이틀 전, 집에 돌아가서 채식을 먹어야 하는 사람들을 위해 주방에서 일하는 이모가 요리 강의를 해 주시고, 요리법이 적힌 종이도 나눠 주셨다.

아주머니들은 곧잘 알아들었지만 기본기도 없는 내가 따라하기에는 막막했다. 그래서 그중 가장 쉬운 요리인 샐러드를 시도해 봤다. 시중에서 파는 샐러드 드레싱은 너무 달기 때문에 건강한 드레싱을 만드는 법도 알려주었다. 양상추와 토마토를 썰어 넣고, 레몬을 갈아 즙을 냈다. 거기에 꿀과 후추, 소금을 넣고 섞으면 드레싱 준비는 끝이다. 생각보다 훨씬 간단하다. 무슨 맛이 있을까 싶지만 새콤 상큼 달콤한 맛이 다 섞여 있다. 그렇게 먹으니 생야채도 맛있었다.

그런데 매일 요리를 직접 해서 먹으려니 시간도 시간이고, 점점 귀찮아졌다. 삼겹살은 입에도 대지 말라 하셨으나 친구와 가끔 만날 때

고기가 먹고 싶다고 하면 가서 먹어야 했고, 또 먹으면 맛있었다. 그리고 가끔씩 라면으로 간단하게 끼니를 때우기도 했다. 그럴 때는 박 사님의 말을 떠올렸다.

"한 번씩 고기 먹을 수도 있어요. 너무 죄책감 갖지 마요. 자연치유의 과정에는 몸이 필요로 하는 영양소가 있으면 그게 뭔지 몰라도 그 영양소가 든 음식이 당기도록 신이 우리 몸을 설계해 놨거든요."

단백질이 부족한 기린이 다리를 쫙 벌리고 긴 목을 숙여 땅에 있는 고깃덩어리를 먹고 있는 사진은 충격적이었다. 우리에게는 풀을 먹는 기린의 모습이 더 익숙하지만 살기 위해 부족한 영양소를 섭취하는 모습을 보며 융통성을 강조하셨다.

"다시 한 번 말하지만 먹는 것, 운동하는 것 등은 다 기본 여건이에요. 믿음이 제일 중요한 겁니다. 하루 고기를 먹었다 해도 기쁜 마음으로 드세요. 뉴스타트를 열심히 행한다고, 고기 먹는 것에 스트레스를 받으면 그건 잘못된 방법입니다."

어차피 먹어야 한다면 기쁘게 먹기로 했다. 먹을 수 있는 음식에 감사하고, 평소에 더 잘 챙겨 먹으면 된다 생각하고 스트레스를 버렸다.

"생선도 사실은 안 좋아요. 참치와 같은 대형 어류들은 더더욱 안 좋습니다. 일본에서는 수질이 안 좋을 때 어떻게 하는 줄 아세요? 굴을 양식해요. 왜냐면 굴이 바다의 오염물질들을 먹는 청소부 역할을 하거든요."

굴이 몸에 좋다는 말만 들었지 이런 사실은 처음 들었다. 우리가 흔히 먹는 해양생물 중 바다의 청소부 역할을 하는 것들이 더러 있었는데 평소에도 잘 안 먹었지만 더더욱 입맛이 떨어졌다. 그렇게 좋아하

감정과 몸의 연결고리

우리 감정이 신체적 건강과도 밀접한 관계가 있다는 것은 누구도 부정할 수 없는 사실이지요. 건강한 신체에 건강한 정신이 깃든다는 말처럼 자신의 몸을 돌아보고 건강한 습관과 운동계획을 세워 실천하는 것이 중요합니다. 휴식을 취할 때면 항상 눕거나 앉아 무언가를 먹으며 TV를 시청하는 사람들이 있지요. 이러한 행동이 물론 스트레스 해소에 도움이 안 되는 것은 아니지만 주말 내내 이런 행동을 한다면 스트레스 강도는 점점 강해져 신체와 정신을 나약하게 만들 수 있습니다. 또 너무 한 자세를 오래 유지할 경우 피로감을 느낄 수 있으므로 업무나 학업 중간중간 잠시 일어나 스트레칭을 하거나 자세를 바꿔 주는 것이 좋습니다.

는 스시도 눈물을 머금고 끊었다.

　엄마도 복용해 왔던 비타민 같은 영양제, 건강보조제들을 다 끊었다. 이 음식은 어디에 좋고, 저 음식은 어디에 좋고 이런 광고에도 이제는 마음이 흔들리지 않았다.

　TV 방송에서 라즈베리가 좋다는 콘텐츠가 나오면 그 방송이 끝난 후 홈쇼핑 채널에서 라즈베리를 팔곤 한다. 이건 기막힌 우연이 아니라 기획된 것일 확률이 크다. 매번 더 좋은 새로운 음식이 있다고 광고해야 팔리는 법이니까. 이제 나는 세상의 잡다한 광고에 마음이 끌리지 않고 구별할 수 있는 힘이 생겼다. 오히려 쓸데없는 데 시간과 돈을 쓰지 않아서 마음이 가볍다.

　뭐든지 기본 세 달은 해 보고 결정하라는 말이 있다. 뉴스타트를 시작하고 바로 효과가 나오길 기대하는 사람들이 있다. 그런데 통계적으로 6개월은 실천해야 그 효과가 나타난다고 한다. 누구는 3개월 만에 됐더라, 한 달 만에 나았더라라는 걸 보고 자신과 비교하지 말아야 한다. 다들 아픈 정도가 다르고, 처음의 마음가짐과 평소 생활습관도 다른 법이다. 그냥 우직하게 이 방법으로 나을 거라 생각하고 시작하기로 마음먹었으면 끝까지 믿어 보자.

　어차피 답은 뉴스타트밖에 없으니까!

자연을
가까이해야 하는 이유

어느 새 봄이 왔다. 자연을 가까이하며 살다 보니 계절의 변화를 그 누구보다 빨리 발견한다. 이곳에 올 때만 해도 풀들은 어두운 색이었고, 주변은 황량했다. 그런데 한 달이 지나자 푸르름을 뽐내기만을 기다렸던 풀들과 산들은 저마다의 색을 피울 준비를 하고 있었다. 풀들이 자라는 속도는 어마어마하다. 어제는 황량했던 곳이 밤새 누군가 마법을 부린 듯 수풀이 우거져 있기도 하다. 자연은 참 신비롭다.

도랑 옆길을 산책하다가 누군가 놓아 둔 의자를 발견했다. 예전부터 의자는 여기에 있었지만 아무도 앉지 않는다. 나는 앉을까 말까 고민하다가 주위에 아무도 없다는 걸 확인하고 살며시 앉았다. 사람이 잘 지나다니지 않는 곳이라 편안한 마음으로 등받이에 몸을 기대고 가만히 눈을 감았다. 따사로운 햇살이 너무 좋았다. 누군가 안아주는 듯한 따뜻함, 내 귀를 간지럽히는 시냇가의 물 흐르는 소리, 그리고 한 번씩 지나가는 새소리까지 이곳은 천국이었다. 한 달 정도 매일 바깥에 나오는 습관을 들이다 보니 이제는 자연을 보러 밖으로 나오는 시간을 기다리게 된다. 밖으로 나오면 매번 경치에 "와!" 하는 감탄이 절로 나온다. 자연에서 멀어질수록 사람이 신경질적으로 변한다는 연구결과가 있는데 며칠 사이에 유해진 나를 보며 그 결과가 사실임을 느꼈다.

눈을 뜨고 뒤로 돌아 앉아 냇가를 멍하니 쳐다봤다. 그리고 한동안 물멍을 했다. 뭔가가 움직이는 것 같아 옆을 쳐다보니 오리들이 물장구를 치고 있었다. 한참을 바라보고 있으니 이런 의문이 들었다.

'하루 종일 보이지 않던 이 오리들은 어디서 왔을까? 오리도 날 수 있나? 닭은 못 나는데…. 두루미들은 어디서 날아온 걸까? 저 길고 얇은 다리가 어떻게 몸을 지탱하고 있는 거지? 이 물은 어디서부터 흘러오는 걸까? 이 냇가도 이름이 있을까?'

그냥 집 앞의 작은 냇가인 줄 알았는데 알고 보니 '광암천'이라는 공식적인 이름이 있었다. 하천 하류에 있는 '광암마을'의 이름을 딴 것으로, 넓은 바위가 있어서 그렇게 지어졌다고 한다. 너럭바위가 생각나는 이름이었다. 이름을 알고 나니 더 궁금해지고 애정이 생겼다.

그러다 문득, 이런 생각을 하고 찾아보고 있는 나 자신에게 깜짝 놀랐다. '내가 언제 이런 의문들은 품은 적이 있었나?' 어떻게 하면 남들보다 더 눈에 띌 수 있을까, 더 잘할 수 있을까 하는 생각들로 가득했던 내 머릿속에 색다른 궁금증들이 들어왔다.

그러고 보니, 대단한 발견을 한 과학자나 천재들은 대부분 자연을 보고 그 원리를 적용해서 무언가를 발명했다. 유명인들 중에서 자연을 사랑하는 사람이 많았다. 책 『초역 다빈치 노트』에서 레오나르도 다빈치가 평생 자신이 좋아하는 일을 하며 행복하게 살 수 있었던 이유 중 하나를 이렇게 설명했다.

자연숭배주의, 이 또한 변신의 귀재라 할 수 있는 레오나르도 다빈치의 일면을 보여주는 말이다. 자연에 대한 관심은 평생 바뀌지 않아 일생의 연구 주제이기도 했다.

레오나르도는 이런 말도 남겼다.

"위대한 책, 항상 펼쳐보고 노력해서 읽을 가치가 있는 책, 그것은 대자연이라는 책이다."

옛날 과학자들이 살던 시대는 숲과 나무, 풀, 꽃 등 자연과 함께하는 날들이 많았을 테고, 이러한 자연을 마음껏 보고, 느끼며 자랐기에 자연스레 호기심과 독창성이 생겼던 것은 아닐까. 그리고 자연이 주는 경이로움을 과학자들은 알고 있지 않았을까.

'새는 어떻게 날 수 있을까?'로부터 시작해 인간은 비행을 꿈꾸게 되었다. 최근에 달팽이가 기생충에 감염되자 스스로 몸을 절단해 몸통을 버리는 영상을 봤다. 잘린 머리만 움직이는 것도 충격이었는데, 일주일 뒤 머리만 남은 달팽이가 심장을 만들었고, 금세 몸통을 모두 재생했다. 과학자들은 달팽이 연구를 통해 우리 인체에 이로운 발견을 해낼 것이다. 그리고 또 어떤 누군가는 군인들을 위해 카멜레온을 연구해 환경에 따라 색이 변하는 옷을 만들게 될 수도 있지 않을까?

요즘 나에겐 새로 생긴 취미가 있다. 봄이라 전엔 못 보던 꽃들이 많이 보이는데 내 눈을 이리도 즐겁게 해주는 풀들과 작은 꽃들의 이름이 문득 궁금해졌다. 그래서『식물의 책』을 보면서 식물에 대해 공부를 시작했다. 실제로 풀들과 그림을 비교해 가며 공부하는데, 그 이름을 아는 것만으로도 참 좋았다.

'자세히 보아야 예쁘다'는 나태주 시인의 말처럼 풀들을 가까이서 보고, 특징을 살펴보고, 그 이름을 알고 나면 풀에게 애정을 갖게 된다. 잡초지만 너무 예뻐 보였고, 이 아이들의 유래를 알고 나니 더 애틋했다. 비 온 뒤 꽃잎을 만져 본 적 있는가? 그때 만진 코스모스 잎은 굉장히 부드럽다. 어떤 천을 갖다 대도 그런 질감은 절대 찾을 수 없으리라 단언할 만큼. 그럴 때면 신이 이 아름다운 자연을 세상에 만들어 준 것에 감사함을 느낀다.

"엄마, 이 풀은 이름이 뭐야?"

시골에서 자란 엄마는 모르는 풀 이름이 없다. 길가에 핀 꽃과 풀 사진을 찍어서 물으면 엄마는 신나게 대답해 준다. 그런 소소한 순간도 너무 좋았다. 그냥 어린아이가 된 것 같다.

잠시 집에 놀러 온 친구와 산책을 하다가 나는 친구에게 물었다.

"오리가 날 수 있나?"

친구는 한동안 고민하더니 말했다.

"당연히 날 수 있지 않아? 날개가 있잖아."

친구는 눈을 동그랗게 뜨고 말하다가 이내 확신이 없는지 "아닌가?"라며 고개를 갸우뚱거렸다.

"닭도 날개가 있는데 못 날잖아. 그런데 오리는 날 수 있다고? 푸드

덕거리는 게 끝 아니야?"

그렇게 의문을 풀지 못한 채 시간이 흘렀다. 그때는 인터넷에 찾아볼 생각도 못 했다. 그리고 그날도 여느때처럼 냇가에 한참을 서서 자연이 만들어 낸 움직이는 것들을 멍하게 바라봤다. 오리들이 물장구를 치고, 고개를 물 속에 넣었다 뺐다를 반복하고 있었다. 그리고 그 순간, 오리가 날갯짓을 하더니 날았다! 둔탁해 보이던 몸이 다리와 목을 일자로 해 날렵한 몸으로 만들더니 날개만 살랑살랑 흔들며 저 멀리 날아갔다. 놀라움을 감출 수가 없었다. 체리필터의 '오리 날다' 노래가 진짜였구나! 어린애처럼 박수를 치며 환호성을 쳤다.

이곳엔 높은 건물이 없기 때문에 도시 풍경과는 다른 모습을 볼 수 있다. 참새나 비둘기가 잠깐 푸드덕거리다 다른 건물에 앉는 모습이 아니라 탁 트인 공간을 자유롭게 쭉 직진해서 날아가는 모습을 숨을 죽이고 바라봤다. 이토록 아름다울 수 있다니!

옥상에 이불 빨래를 널러 올라갔다. 높은 곳에서 보는 주변 경치는 더욱 예술이었다. 따뜻한 햇빛이 내리쬐는 하늘 아래, 손이 조금만 더 길었으면 잡힐 것 같은 뭉게구름과 바람이 살랑거리며 널려 있는 이불을 왔다갔다 흔들었다.

사람은 와~ 하는 감탄을 많이 해야 한다. 그래야 인생이 의미 있게 느껴지고, 아름답게 보인다. 그런데 도시에 살면서 와~ 하는 순간이 있을까? 같은 걸 여러 번 봐도 감탄할 수 있는 건 거대한 자연을 볼 때밖에 없다는 생각이 들었다. 푸른 산과 예쁜 하늘을 자유롭게 날아다니는 새들을 넋을 놓고 바라봤다. 그렇게 자연 속에서 오늘도 나의 유전자 스위치가 켜졌다.

간절히 원하면
이루어질까?

⌣

빗소리가 들린다. 눈을 뜨자마자 제일 먼저 창문을 열었다. 가랑비가 땅을 촉촉하게 적시고 있었다. 세상의 모든 소리가 빗소리에 가려져서 내 마음도 아침부터 잔잔해졌다. 그냥 오늘은 집에 가만히 누워서 감성 돋는 영화나 한 편 보면서 뒹굴거리면 좋을 것 같다.

'비도 오는데 오늘은 산책 가지 말까?'

리조트에 있을 때, 겨울바람이 세차게 불던 날이 떠올랐다. 매일 다 같이 산책을 갔지만 그날은 사람들이 모두 방에 있었다. 우리 가족도 따뜻한 방에서 귤을 까먹으며 TV를 봤다. 우리 가족은 〈걸어서 세계 속으로〉 애청자였다. 세계를 여행하며 찍은 영상들에 감탄하며 한창 재미있게 보고 있는데 저녁 식사 시간을 알리는 종이 울렸다. 벌써 시간이 그렇게나 지나 있었다. TV를 보면 시간이 언제 지났는지도 모르겠다.

밥 시간이 되자 각자 방에 있었던 사람들이 하나 둘 문을 열고 나왔다. 배식대 앞에서 줄을 서고 있는데 박사님이 리조트 현관문을 열고 들어오셨다. 등산복을 입고 장대를 들고 계셨다. 오들오들 떨며 서 있는 우리와는 달리 박사님 몸에서는 열기가 느껴졌다. 이렇게 바람이 많이 부는 날인데도 혼자 너륵바위에 올라갔다 오신 거였다.

사람들은 놀란 표정으로 박사님을 쳐다봤다. 바람이 분다는 핑계로 쉬는 게 아니라 평소처럼 운동을 하고 오셨다는 게 대단했다. 사람들이 걱정을 하자 박사님은 호탕하게 웃으며 말씀하셨다.

"막상 올라가니까 바람이 거의 안 불던데요?"

지금 그 모습이 눈에 아른거렸다. 내 행동에 정당화를 하면 안 되겠다는 생각이 들었다. 잠시 안일해 있던 마음에 힘이 불쑥 들어왔다.

'비 온다고 안 나가는 게 아니라 귀찮은 거잖아. 우산만 쓰면 다른 날과 똑같은 날이야.'

마음먹은 그 순간 겉옷을 걸치고 검정색 우산을 챙겨 밖으로 나갔다. 비가 내리는 바깥의 풍경은 해가 쨍쨍한 날과는 분위기가 달랐다. 멀리 보이는 한옥에 안개가 살짝 껴 있고, 산이 보일 듯 말 듯 예쁜 필터가 살짝 씌워진 풍경이 장관이었다.

"나오길 잘했어!"

비가 내려서 그런지 한두 명 보이던 사람들도 안 보였다. 산책길에는 온전히 나 혼자뿐이었다. 흙과 비가 섞인 냄새가 따뜻한 바람을 만나 내 코로 전해졌다. 봄냄새다. 풀꽃들이 이 비를 먹고 무럭무럭 자라겠지. 자연과 가까이 살면 그 누구보다도 계절의 변화를 빨리 느낀다. 도시에 있을 때는 산책할 때 음악을 안 들으면 지루해서 못 걸었는데 이곳에서는 오히려 이어폰을 꽂는 게 더 지루하다. 주변 소리가 음악보다 더 좋다. 우산을 때리는 빗소리도 좋고, 빗물이 합쳐져 평상시보다 더욱 세차게 흐르는 물 소리도 좋았다.

그렇게 걷다 보니 생각났다. 조금 있으면 그날이 다시 찾아온다는 것이…. 휴대폰을 켜 달력을 살펴보니 며칠 안 남았다. 나는 복통을 겪던 그날이 생각나 두려워졌다.

'이번에는 그 긴 일주일을 어떻게 버텨야 할까? 한 달 간의 노력이 효과가 있을까?'

이런저런 잡생각들이 머리를 비집고 들어왔다. 나는 아직 찾아오지도 않은 날에 두려움을 느끼다가, 잊다가 그렇게 하루하루를 보냈다. 며칠이 지나 드디어 그날이 되었다. 평소와 다른 묵직한 배의 느낌에 아침에 눈뜨기가 무서웠다.

'그냥 자고 싶어. 아무것도 모르고 싶어.'

고속버스에서 들렸던 목소리가 또렷이 기억났다. 나를 돕기 위해 노력하고 있는 신을 떠올렸다.

"두려워하지 말라. 내가 옆에 있으니."

천천히 눈을 뜨고 침대에서 일어나 걸었다. 통증이 스멀스멀 올라오는 게 느껴졌다. 일단 뭐든 먹어야 했다. 오늘 하루를 잘 버티려면 영양이 충분해야 하니까 잘 먹어야 했다. 냉장고 안에는 먹다 남은 삼계탕이 남아 있었다. 뚝배기에 삼계탕을 넣고 밥을 넣어 끓였다. 따뜻한 닭 육수 냄새가 올라오면서 몸에 따뜻한 기운이 전해졌다. 진통제가 보였다. 만약을 대비해 세 통이나 구비해 놨다. 한 알을 뜯어 손에 잡았다.

'지금이라도 먹을까?'

지금 먹으면 앞으로 세 시간은 큰 진통 없이 지낼 수 있다. 진통제 한 알이 뭐가 그리 큰 대수냐 싶겠지만 나는 두려움 때문에 이 약에 계속 의지했다. 때때로 조금만 아파도 크게 아파 올지 모른다는 두려움에 약을 삼키기 바빴다. 그런데 이 약을 여전히 먹는다는 건 내가 나을 거라 믿지 않는다는 말과 같다는 걸 깨달았다. 다시 마음속으로 되뇌었다.

"두려워하지 말라. 내가 옆에 있으니."

약을 내려놨다. 먹지 않고 오늘 하루를 지내 보기로 마음먹었다. 병에 잠식되면 안 된다. 베타파를 알파파로 바꿔야 한다. 10일 동안 들은 강의 내용들을 잊지 않고 계속 상기시키면서 나를 달래야 한다.

'이제껏 감사했던 일을 생각해 보자.'

나는 제일 먼저 부모님을 떠올렸다. 엄마 얼굴이 먼저 생각났다. 엄마와는 평소에 대화를 많이 했기에 팔짱 끼며 산책을 하는 모습이 그려졌다.

'그래. 엄마 같은 엄마를 둬서 참 다행이야.'

이어 아빠를 떠올렸다. 아빠가 있다는 것에 감사하며 살지 않았다. 아빠는 내게 애정표현 한 번 한 적 없었고, 나는 아빠가 나를 사랑하는지조차 의문이었다. 그런데 생각해 보니 아빠에게 참 많은 도움을 받았다. 매번 투덜대면서도 비 오는 날 학교 앞까지 바래다 준 일, 취직했을 때 짐을 옮기러 서울까지 왕복 여덟 시간을 운전해 준 일, 대학원 갈 때도 부모님의 지원이 없었으면 어떻게 등록금을 내고 다닐 생각을 할 수 있었을까. 그저 나의 노력이라 생각했던 모든 순간에 부모님의 지원이 있었다. 나는 '당연히 부모라면 해야 하는 일'이라고 대수롭게 여기지 않았었고, 그저 나에게 잘 못해 준 일만 떠올리며 원망하고 열을 낸 적도 많았다. 내 눈은 어둠만 골라 보고 있었다.

아빠는 절대 말로 표현하는 사람이 아니었다. 그런 걸 쑥스러워했다. 그래도 내가 필요로 한 순간에 아빠는 항상 불만 없이 묵묵히 나를 도와줬다. 그 순간들을 생각하며 부모님이 곁에 있어서 감사하다는 생각을 했다. 그리고 아빠를 조금 이해하게 되었다. 아빠도 서툰 순간들이 분명 있었으리라. 다가오고 싶었지만 쑥스러워 다가오지 못한 순간이 있었으리라.

그렇게 생각하니 마음이 따뜻해졌다. 감사하는 순간에는 배가 아픈 것도 잊었다. 복통은 어느새 가라앉아 있었다. 이제 걸을 때 좀 살맛이 났다. 몸이 가벼워지니 기분은 더 좋아졌다. 선순환이 이런 것 아닐까.

감사하는 마음은 사람을 변화시킨다. 얼었던 몸과 마음도 서서히 녹게 만든다. 한 번 감사할 때마다 우리는 우리 마음의 밭에 씨앗을 심는다. 그 씨앗은 내가 언제 심은지도 모르게 뿌리를 내리고 줄기를 만든다. 그렇게 우리 마음에 정원을 만든다. 그 정원은 내가 숨을 곳도 마련해 주고, 내가 살아갈 수 있게 양분도 제공해 준다.

나는 내 마음을 언제나 싱그러운 봄으로 만들고 싶었다. 그러면 어떤 힘든 일이 일어나도 헤쳐나갈 수 있을 거라는 생각이 들었다. 그리고 그 시작점은 나를 사랑하지 않는다고 여겼던 사람들이 실제로는 나를 사랑한다고 믿는 것이었다. 그렇게 하니 처음엔 훨씬 덜 아팠고 그 다음엔 일상생활이 가능할 정도로 고통이 줄어들었다. 밤에 서너 번씩 깨어나 화장실 가랴, 통증 참으랴 잠도 잘 못 이뤘는데, 잠도 푹 잤다. 이것은 기적이나 마찬가지였다.

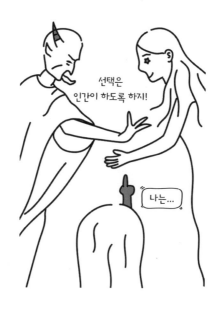

일단 선택했다면, 뒤돌아보지 않는 수밖에요.

인생은 수많은 선택의 연속이고,

그 선택을 책임지는 것이 우리 삶의 여정이니까요.

기도가
잘 안 될 때

다시 병원에 가서 재검진을 받을 날이 얼마 남지 않았다. 그나마 예전보다는 상황이 나아졌기를 바랐다. 시크릿에 나온 '끌어당김의 법칙'도 사실 기도의 일환이라고 생각했다. 무언가를 진심으로 바라는 것. 이제는 기도를 시작해야겠다고 마음먹었다. 그런데 한 번도 기도하는 법을 배운 적이 없었다. 주기도문 한 번 외운 적 없었다. 일단 어두운 밤 자기 전에 누워서 천장을 바라봤다.

'어떻게 시작해야 할까? 하느님을 외치면 되는 걸까? 외국 영화에서는 기도를 밥 먹듯이 하던데….'

막상 시작하려고 하니 할 말이 떠오르질 않았다. 그냥 낫게 해달라고 빌어야 하나? 그렇게 방법을 고민하다가 잠이 들어 버렸다. 아침에 눈을 뜨고 나서야 내가 기도할 말을 생각하다 잠이 든 것을 알았다.

'오늘은 꼭 제대로 해 보겠어.'

전화가 울렸다. 엄마였다. 평소에도 자주 전화하던 터라 안부전화

겠거니 생각하며 받았다. 그런데 전화를 받자마자 엄마의 다급한 목소리가 들렸다.

"아빠가 기침이 너무 심해서 정신을 못 차리기에 지금 응급실로 가고 있어."

아빠는 속초에 혼자 남아서도 매번 앞에 나가서 율동을 했고, 공기 좋은 곳에서 매일 산책하고 채식을 하며 잘 지내는 듯했다. 모든 외적인 여건들은 도시에서 살던 때와 완전히 달랐지만 말이다. 그런데 우리가 너무 쉽게 생각했나 보다. 엄마의 말에 따르면 집에 돌아온 아빠의 모습은 더 수척해져 있었다고 한다. 우리가 같이 있었을 때의 모습과는 딴판이었다. 얼굴은 더 어두워졌고, 기침은 더 심해졌다. 그렇게 밤마다 기침 때문에 잠을 잘 못 자는 날이 많아졌고, 아빠는 결국 기침을 심하게 하다 정신을 잃을 뻔까지 했다. 엄마는 이렇게 놔두면 큰일이 나겠다 싶어 급히 응급실로 향한 것이다.

여러 검사를 거친 뒤 의사가 말했다.

"심장에 물이 차서 답답했을 거예요. 그리고… 암은 더 커졌네요."

코로나 때문에 병원에는 보호자 한 명만 허락했다. 엄마는 혼자 응급실에서 아빠를 간호했다. 기침이 덜 나도록 약을 투여하니 다행히 아빠의 증세는 완화됐다.

"오늘은 주말이라서 심장에 물을 못 뺀다더라. 내일 의사가 오면 그때 할 수 있나 봐."

폐에 물이 찬다는 소리는 들어 봤어도 심장에 물이 찰 수 있다는 말은 처음 들었다. 그리고 그날 엄마는 뉴스타트 센터에서 같이 지냈던 사람들과 아직 연락을 하고 있는 한 아주머니를 통해서 몰랐던 이야기를 들었다.

"남편 분 표정이 좀 안 좋더라고요. 사람들이랑 이야기도 잘 안 하고…. 외로워서 증세가 더 안 좋아지는 사람도 더러 있다던데, 남편 분도 외로웠나 봐요."

아빠가 잘 지내고 있을 거라 생각했는데 그 반대였던 것이다. 혼자 산에 올라갈 때면 기분이 좋았다고는 하는데 그 이야기를 하는 표정이 별로 즐거워 보이지 않았다. 여전히 다른 사람에게 먼저 다가가 말 거는 걸 힘들어 하고, 앞에 나서는 걸 더 두려워했다. 며칠 간 우리가 함께할 때는 자연스레 어울릴 수 있었는데 혼자서는 힘들었나 보다.

혹시나 기분이 좀 나아질까 해서 나는 부모님께 여행을 제안했다.

"좀 나아지면 우리 셋이 제주도 여행 갈래? 내가 다 알아서 할게."

제주도를 한 번도 안 가 본 엄마는 너무 좋아했다. 그런데 아빠는 고개를 저었다. 입원한 후로 아빠는 어디에도 가고 싶지 않아 했다. 집이 최고라며 방에만 있었다. 이렇게 병원의 도움을 받을 때마다 아빠는 병원에 계속 의지했고, 병원과 멀리 떨어진 곳으로는 가기 싫어했다. 아빠는 모든 게 두려웠던 것이다. 그 모습을 본 엄마는 우울증 증세와 비슷하다고 했다. 엄마는 자책을 했다.

"엄마가 아빠를 너무 몰아세웠던 거 아닌가 모르겠다. 계속 내 눈치만 보고, 아파도 병원 가겠다는 말도 안 하고…."

아빠는 어쩌면 하고 싶었던 말을, 하고 싶었던 일들을 엄마의 기대에 어긋나지 않으려고 참고 있었는지도 모르겠다.

나는 불을 끄고 침대에 누웠다. 그리고 기도할 거리를 생각했다. 하루 만에 잘 될 리 없었다. 나를 위한 기도에 생각이 막혔다.

〈먹고 기도하고 사랑하라〉의 리즈 길버트는 인도 아쉬람에서 새벽 기도를 하러 나오지만 매번 기도하는 걸 실패한다.

"새벽기도 땐 간절함이 안 생겨요."

그러자 그곳에서 같이 생활하던 남자가 조언을 해준다.

"기도가 필요한 사람을 찾아봐. 그 사람을 위해 간절하게 기도해. 그럼 맘이 편해져."

리즈는 아쉬람에서 알게 된, 곧 결혼을 앞두고 불안에 떨고 있는 인도 여자아이를 위해 새벽마다 기도했다.

'나도 리즈처럼 다른 사람을 위해 기도해 보자.'

지금 가장 기도가 필요한 사람은 아빠였다. 병과 싸우며 침상에 누워 있는 아빠를 떠올렸다. 아빠는 몸이 안 좋은 나머지 온갖 것에 짜증을 내기 시작했고, 엄마는 혀를 내둘렀다.

"아프니까 예전 성격 그대로 돌아왔네. 걷지도 않으려 하고 그냥 침대 위에 가만히 누워 있기만 한다."

짜증을 내는 아빠도, 그걸 받아 주기 힘들어 하는 엄마도 이해가 갔다. 엄마는 아픈 곳 없는 건강한 사람이고, 아빠는 환자다. 각자의 상황에 놓여 보지 않은 이상 서로가 서로를 이해하지 못한 채 지낼 뿐이다. 나는 누운 자리에서 아빠를 위해 기도했다.

"하느님. 아빠를 도와주세요. 아빠가 다시 힘을 내고, 따뜻한 마음을 가질 수 있도록 해주세요."

이렇게 하는 게 맞는 건지 모르겠지만 다른 누군가를 위한 기도는 할 말이 줄줄 나왔다. 그 사람에게 필요한 게 뭔지 알기 때문일까?

다음 날 아빠는 응급실에서 입원실로 옮겼고, 의사의 지휘 아래 중

환자실로 옮겨져 심장에 있는 물을 빼냈다. 시술하는 동안 엄마는 다섯 시간을 문 앞에 앉아서 내가 선물해 준 『노먼 빈센트 필의 긍정적 사고방식』을 읽으며 아빠의 시술이 잘 끝나길 기다렸다.

의사는 땀을 흘리며 밖으로 나왔다. 심장을 찌르지 않으면서 물을 빼야 하는 일이 많이 힘들 것이라 예상했다. 의사는 잘 끝났다고 전했고, 엄마는 감사하다는 말을 전했다.

"큰 통을 두 통이나 채웠더라. 물이 얼마나 많이 차 있었던 건지…"

아빠는 그날 이후로 기침을 덜 했다. 심장에 물을 빼고 나니 좀 살맛이 났는지 밥도 잘 먹고, 걸어다니기도 했다. 그리고 바깥에 나가 꽃을 꺾어서 병실에 있는 사람들에게 하나씩 나눠 줬다. 아빠는 소극적일 뿐 내면은 착했고, 누군가를 도와주는 걸 서슴지 않았던 기억이 문득문득 떠올랐다. 다들 오랜 투병생활과 간호로 마음이 피폐해져 있는 상태였는데, 꽃을 받고는 감동을 했다.

"어머! 예쁘다! 너무 고마워요."

물고기가 물을 편안해하듯, 백 년 만 년을 숲 속에서 살았던 인간은 자연에서 난 것들을 좋아하고, 그 속으로 돌아가고 싶어 한다. 이상구 박사님 말에 따르면, 사람은 자연 속에서 아름답고 예쁜 것을 볼 때 죽고 싶은 생각이 없어진다고 한다.

병실에서 이러지도 저러지도 못 하며 산 사람들에게 그 한 송이 꽃은 자연을 선물받은 것과 같다. 그렇게 생기를 받은 사람들은 아빠에게 선을 행했다. 두유, 과일, 떡 등을 답례로 주었다. 꽃 한 송이로 병실 전체가 따뜻해졌다.

정말로 행복한 나날이란 멋지고 놀라운 일이 일어나는 날이 아니라 진주
알들이 하나하나 한 줄로 꿰어지듯이, 소박하고 자잘한 기쁨들이 조용히
이어지는 날들인 것 같아요.

- 몽고메리 『빨강머리 앤』 중에서

아빠를
처음으로 안았다

　며칠 뒤 아빠는 퇴원했다. 나아지긴 했지만 방 안에서 기력도 없이 누워 있는 모습에 엄마는 한숨을 쉬었다. 우리 모두 각자의 위치에서 아빠를 생각하며 도와주고 싶은 일들을 고민했지만 방법을 몰랐다. 산책길을 걷다가 하늘을 올려다 봤다. 허공에다 혼잣말처럼 속삭였다.

　"어떻게 하면 좋을까요?"

　이대로 그냥 포기하기에는 아빠의 삶이 아까웠다. 작은 희망 하나만이라도 생긴다면 아빠가 달라질 수도 있을 것 같은데 지금의 아빠는 원하는 게 하나도 없었다. 뭘 하고 싶은지, 뭘 먹고 싶은지 물으면 아빠는 아무것도 바라는 게 없다고 했다. 그 생각에 내가 따뜻함을 불어넣어 줄 순 없을까 생각하며 걷고 또 걸었다. 그리고 산책길을 이어 주는 다리를 건너는데 이런 생각이 들었다.

　'이번에 집에 가면 아빠를 안아 줄까?'

지금 생각하면 성령이 넣어 준 생각이 아닐까 싶다. 아빠와 안는 장면을 상상해 봤다. 몸이 닿는 상상을 하기도 전에 고개를 절레절레 저었다.

'아니야. 아빠랑은 스킨십이 너무 어색해. 눈 마주치는 것도 어색한 사이인데 어떻게 안을 수가 있어? 그것 말고 다른 방법을 생각해 보자.'

아무리 떠올려 봐도 이상하게 그 방법밖에 없다는 생각이 머릿속에서 맴돌았다. 그 생각을 떨쳐버리고 싶었다. 나는 이 세상에서 제일 어려운 게 아빠와 이야기하고 눈빛을 주고받는 일이었다. 어쩌다 한 공간에 둘만 남으면 그 공간은 정적으로 가득 찬다. 그런데 한편으로는 이런 생각도 들었다.

'아빠 돌아가시고 나서 후회할래?'

오랜만에 집에 갔더니 더 야윈 모습으로 나를 맞이하러 나온 아빠가 보였다. 손인사를 하고 엄마와 이야기를 나눴다. 오래 앉아 있기가 힘든 아빠는 어느새 방으로 들어가고 없었다. 방에서는 기침소리가 새어 나왔다. 엄마는 할 말이 많은지 밖으로 산책을 가자고 했다. 걸으면서도 아빠에 대한 걱정뿐이었다. 나는 용기 내어 말했다.

"엄마, 어쩌면 우리가 외면해 왔던 문제를 해결해야 할 때가 온 것 같아. 어린 시절의 가정불화로 아빠가 따뜻한 사랑이 뭔지 모른다면 우리가 알려 줘야 하지 않을까?"

엄마도 나의 말에 동의하는지 고개를 끄덕였다. 우리 세 남매는 아빠가 있는 방을 금기의 방처럼 여겼다. 문만 빼꼼 열어 가볍게 인사만 주고받을 뿐 다정한 안부 같은 건 묻지 않았다. 방 안으로 들어가 아빠를 마주하는 건 너무 어색한 일이었다. 아빠가 없을 때도 그 방은 뭔가 들어가선 안 될 방처럼 느껴졌고, 볼 때마다 낯설었다.

엄마와 산책을 마친 후 나는 엄마와 함께 아빠가 있는 방으로 들어 갔다. 아빠는 이불을 덮고 앉아 기침을 하며 고개를 푹 숙이고 있었다. 구부러진 허리와 뼈밖에 안 남은 다리를 보며 그 성하던 몸이 언제 저 렇게까지 됐을까 싶어 안타까웠다. 그리고 나는 산책할 때 절대 못 하 겠다고 했던 생각을 무의식적으로 내뱉었다.

"아빠, 한 번 안아 줄까요?"

대답을 듣기도 전에 팔을 벌린 채 다가가 아빠를 안았다. 안는 건 죽어도 못 하겠다는 생각을 내내 했는데, 막상 앞에서 아빠를 보니 몸 이 먼저 반응했다. 갑작스런 나의 행동에 아빠는 놀란 듯했다. 어색하 지만 밝은 웃음을 지으며 아빠가 말했다.

"어릴 때 안고 처음 안아 보네."

그 말이 참 가슴 아프게 들렸다. 아빠 옆에 앉아 엄마와 셋이서 수 다를 떨었다. 슬픈 이야기만 하고 싶지 않았다. 일상적인 일들을 약 간 과장해서 재미있게 이야기했다. 아빠는 아무 말 없이 내 손을 잡 고 만지작거렸다. 아빠도 한 번도 한 적 없었던 행동을 했다. 예전에 는 손이 닿으면 어색함에 피하곤 했는데, 이번에는 티 내지 않고 그 행동을 받아들였다.

그 순간 엄마와 눈이 마주쳤다. 엄마도 그 모습을 못 본 척하며 이 야기를 이어갔다. 나는 최대한 재미있는 이야기로 아빠를 웃게 만들 었다. 아빠는 피곤했는지 자리에 누웠다. 엄마와 나는 아빠가 조용히 쉴 수 있도록 자리를 피해 주었다.

우리 가족은 가정불화 문제로 도저히 융화가 안 되니 각자 뿔뿔이

흩어져서 사는 게 좋겠다고 늘 얘기해 오곤 했다. 그래야 서로 스트레스 안 받고 행복하게 살 수 있다고. 이 세상 모든 가족이 화목하게 살 수 있는 건 아니라고.

아무리 운동을 하고 건강식을 해도 아빠가 나을 기미가 보이지 않자 엄마는 이상구 박사님께 연락을 드렸다.

"마음이 따뜻해지는 그런 영적인 게 들어와야 합니다."

엄마는 박사님도 그 외에는 더 해줄 말이 없다는 걸 알았다. 우리도 알고 있었다. 아빠가 따뜻한 감정이나 사랑을 느낀 적이 없다는 걸….

아빠도 솔직하게 말했다.

"노력하고 있는데 잘 안 돼. 진짜 많이 노력했는데…. 다른 사람은 잘 되던데, 나는 왜 안 될까?"

엄마는 아빠를 보며 말했다.

"당신은 딸이 이렇게 안아 주면 마음이 따뜻해지나?"

아빠는 대답을 얼버무렸다. 그때 짐작했다. 예순 살이 다 된 어른이 될 때까지 따뜻한 사랑을 못 받아 본 사람은 단 한 번에 그 모든 걸 받아들일 수 없다는 걸. 그리고 나는 생각했다. 한 번으로 안 되면 여러 번 반복해 보자.

『노먼 빈센트 필의 긍정적 사고방식』에서 '어떻게 믿음으로 병을 치유하는가'를 보면 질병을 치유하는 여덟 가지 제안 중 하나로 언급하는 것이 '가족'의 힘이다.

가족들 사이의 영적 융화가 이루어지도록 노력하라. 불화와 질병은 사촌 간이다.

결국 우리에게 남은 미션은 '가족의 융화'였다. 우리가 애써 외면하고 피하려 했던 가족의 불화가 이제는 아빠를 살리기 위해 힘을 합치지 않으면 안 되게끔 흘러갔다.

엄마도 이제는 아빠가 밉지 않다고 했다. 그저 나았으면 하는 마음뿐이라고 했다. 아빠와의 스킨십이 한결 쉬워졌다. 처음이 어렵지, 두 번째는 쉽다. 그리고 아빠를 안는 그 순간, 오히려 내 마음이 따뜻해지는 걸 느꼈다. 아빠를 위해 한 행동에 내가 치유되고 있었다.

인생에 있어서 최고의 행복은 우리가 사랑받고 있음을 확신하는 것입니다. 사랑받지 못
하는 것만큼 쓸쓸하고 불행한 일이 또 있을까요? 당연하다고 생각해서, 늘 곁에 있어
서, 알 거라는 믿음에 사랑을 표현하는 데 인색하지는 않나요? 지금이라도 사랑했노
라고, 여전히 사랑한다고 말해 보세요. 말하지 않으면 평생 알 수 없을지도 모릅니다.

다른 문이
열릴 거야

⌣

오늘은 병원에 가는 날이다. 10년 전 수술했던 고등학생이 이제 서른을 바라보는 나이가 된 만큼, 수술을 집도했고 오랫동안 정기검진을 해 주셨던 의사 선생님도 어느덧 은퇴할 나이가 되었다. 세 달 전 검사를 마지막으로 나는 의사 선생님과 작별을 하고 다른 의사 선생님께 배정되었다. 이제껏 병원이 너무 멀어서 가는 것도 힘들고, 기다리는 시간도 길어 갈 때마다 하루를 통째로 날린다고 생각했는데 이번에 가게 된 병원은 집에서 20분밖에 안 걸리는 가까운 곳이었다.

"오늘 날이 진짜 따뜻하다!"

어느덧 더워진 날씨에 모든 풀과 꽃들이 만개했다. 살랑이는 바람에 병원 가는 발걸음이 가벼웠다. 10년 전 수술을 했던 그 병원이었다. 흐릿하게 남아 있던 건물의 모습이 또렷해졌다. 많은 시간이 지났지만 병원 안은 그대로였다. 카페가 들어서면서 더 세련되어졌고, 삭막한 느낌은 없었다. 생각보다 사람이 적어서 대기 시간도 짧았고, 조용한 분위기에 마음이 안정됐다. 이곳에 오기 며칠 전부터 생각했다.

'의사 선생님이 좋은 사람이면 좋겠다.'

내 차례가 되었고, 엄마와 진료실 문을 열고 들어갔다. 안경을 쓴, 눈빛이 살아 있는 중년의 여자 의사 선생님이 앉아 계셨다. 3개월 전 검진 때 찍었던 CT 사진을 들여다보면서 앉으라고 하셨다. 선생님은 바로 본론으로 들어갔다.

"사실 상황이 그렇게 좋지는 않습니다. 수술을 해 봐야 알겠지만, 난소 한 쪽이 남아 있는 부분이 거의 없을 수도 있어요."

이때까지만 해도 무슨 상황인지 잘 몰랐다. 그저 고등학교 때와 비슷한 수술이지 않을까 정도로만 생각했다. 수술 이후에도 큰 변화 없이 잘 지냈고, 큰 타격을 받진 않았으니까. 그냥 혹을 떼어내면 되는 거라 생각했다. 내 모습이 안일해 보였는지 의사는 더 정확히 이야기했다.

"직설적으로 말하자면, 수술 후 폐경이 올 수도 있다는 말이에요."

그 말에 심장이 쿵 했다. 내 배 속에서 지금 무슨 일이 일어나고 있는 건지 감이 잘 안 왔다. 긍정적인 마음을 갖기로 하고 웃으면서 병원에 온 엄마의 표정도 굳어 있었다.

'아직 서른도 안 된 나이에 폐경이라니…. 내 몸이 이렇게 심각했었나?'

이 경우가 바로 그때 이상구 박사님이 말한 그 상황인가 보다. 의사의 말 한마디에 눈앞이 캄캄해지는 기분이라는 게.

의사는 말을 이어갔다.

"난자를 미리 얼려 놓는 게 좋을까 싶어 고민해 봤는데 지금 난자를 채취할 수 있는 상황이 아니에요."

TV 예능 프로그램에서 나이가 많은 산모들이 임신을 하기 위해 난자 채취에 대한 이야기를 하는 걸 더러 봤었다. 그걸 볼 때 아직 나는 저 정도는 아닐 거라 생각하고 '예능'으로만 봤다. 그런데 이제는 나도 그런 상황을 고려해야 했다. 남의 이야기라고 생각한 일들이 내 이야기가 되는 건 한순간이다.

"환자 분이 아직 젊기 때문에 그 경우까지는 안 가도록 살릴 수 있는 부분은 최대한 살리려고 애를 써보겠습니다. 나중에 재발해서 다시 수술해야 하는 상황이 일어나더라도 최대한 난소는 예쁘게 남길 수 있도록 수술할게요."

의사 선생님의 말이 너무 고마웠다.

"그리고 어머님. 이번에 보험이 되는지도 확인해 드릴게요."

엄마는 고개를 저으면서 말했다.

"보험이 안 될 텐데요."

사실 나는 건강보험을 넣을 수가 없었다. 워낙 어릴 때 수술해서 보험가입이 힘들었고, 수술한 지 몇 년이 지났을 때에도 난청 때문에 병원에 다니느라 보험가입은 더 어려워졌다. 그런 사정을 의사는 이미 아는 눈치였다.

"너무 어릴 때 수술해서…, 그쵸? 그런데 한 번은 되는 걸로 제가 알고 있거든요. 확인해서 되도록 해드릴게요."

예상보다 오랜 시간 의사와 이야기했다. 지난번에 수술했던 의사와는 1분 이상 대화를 나눈 적이 없었다. 워낙 바빠 보였고, 기다리는 환자도 많았다. 그리고 내가 정확히 어떤 상황인지 이야기해 주지도 않았다. 물어도 돌아오는 답변은 애매했고, 구구절절 묻는 게 진상 환자 같은 느낌이 들어서 나도 내 상황이 얼마나 안 좋은 건지 가늠할 수 없었다.

그런데 이번에 만난 의사 선생님은 10분가량 내 상황에 대해서 진지하게 대답해 주고, 궁금한 것들을 질문할 시간도 넉넉히 주셨다. 그리고 그에 따른 해결책까지 미리 고민해서 방법을 알려 주셨다. 보험까지 신경 써 주는 대학병원 의사라니! 그 세심함에 마음에 위안을 얻었다. 내 기도를 신이 들어 줬는지 마음에 쏙 드는 의사 선생님을 만나서 기분이 좋았다.

수술 날짜는 한 달 뒤로 잡혔고, 그 전에 수술을 위한 전체 검진을 받았다. 검사를 위해 피를 뽑는데 평소와는 다르게 피를 담는 통이 일곱 번이나 교체됐다. 알레르기 반응 등 꼼꼼히 신경 써야 할 게 많은 수술이라 많은 양의 피가 필요했다. 한 번에 이렇게 많은 양을 뽑는 걸 보고 엄마도 놀라서 달려왔다.

"피를 뭐 이렇게 많이 뽑노?"

열 시간의 금식 끝에 MRI 검사까지 마치고 난 후 내역서를 보니 보험처리가 된 금액이 적혀 있었다. 엄마는 웃으며 말했다.

"진짜 보험처리가 됐네?"

배고파 쓰러지기 직전인 나는 편의점에서 아무 빵이나 사서 허겁지겁 입에 넣었다. 아무리 배고파도 편의점 빵은 맛이 없었다. 주삿바늘 때문에 양팔이 시퍼렇게 멍이 든 모습을 보며 엄마는 말했다.

"공주야, 괜찮다. 죽고 사는 문제 아니니까. 엄마는 네가 죽는 것만 아니면 애기를 못 낳는다 해도 아무 문제 없다."

엄마는 실제로 의사 앞에서 이렇게 이야기했다. 폐경이고 뭐고 그런 건 아무래도 상관없으니 알아서 잘 수술해 달라고.

"너희 할머니가 막내삼촌을 낳고 젊은 나이에 폐경이 왔다더라. 이유가 뭔지는 모르지만 그 이후로 쭉 아무 일 없이 잘 살고 있잖아. 그러니까 그런 건 다 괜찮다. 너무 걱정하지 마래이."

나에게도 아기를 낳고 못 낳고는 큰 문제가 아니었다. 예전부터 그런 삶을 꿈꿔 온 적이 없었다. 그래도 기분이 이상했다. 할 수 있는데 안 하는 것과 못 하는 것은 다르니까. 그저 잠깐 충격을 받았을 뿐, 기분은 어느새 괜찮아졌다. 엄마도 나도 고등학교 때 수술해야 한다는 이야기를 듣고 순두부 찌개집에서 울면서 밥을 먹었던 그날 이후로 10년 새 훌쩍 커 있었다. 우리는 집으로 가서 냉면과 치킨을 시켜 맛있게 먹었다.

엄마는 서른이 다 됐지만 아직은 품 안의 자식인 내 머리를 쓰다듬으며 말했다.

"신에겐 우리 딸을 위한 더 큰 계획이 있나 보다."

죽음의 문턱을 넘은 사람 3
– 이웃의 사랑이 구해 준 목숨

"저는 캐나다에서 정비소를 운영하고 있습니다. 운영한 지 9년쯤 되던 해, 잠을 자다가 갑자기 피를 토했어요. 식은땀도 났고요."

그는 이 이야기를 전하기 위해 캐나다에서 열네 시간을 날아왔다고 한다. 아찔했던 그날을 떠올리며 그는 잠시 침묵했다. 그리고 물 한 모금을 마시고 이야기를 이어갔다.

"혹시나 해서 검사를 받으니 위암이라 하더라고요. 황당하고 충격적이었어요. 그 당시만 해도 건강하다고 생각하면서 살았거든요."

수술을 해야 한다는 의사의 말에 수술만 하면 다 잘될 거라 생각했다. 수술 후, 그가 깨어나자 의사는 그의 상황에 대해 이야기해 줬다. 식도는 10cm, 위는 85% 정도 잘랐고, 암이 여러 군데로 퍼져 있어서 비장 그리고 췌장까지도 반을 잘라내야 했다고. 그리고 의사는 덧붙였다.

"내 얘기를 오해 없이 들어 주세요. 병원과 의사는 당신을 위해 최선을 다했습니다. 그러니 이제부터는 당신의 정신력으로 이 병을 이겨 나가야 합니다. 행운을 빕니다."

수술 후 2주가 지나고 그는 퇴원했다. 하지만 집에서도 편하게 있지 못했다. 일반 사람들은 하부식도 괄약근이라는 게 있어서 음식을 먹고 엎드려도 먹었던 음식들이 쉽게 역류를 하지 않는다. 그러나 그의 경우, 그 기능을 하는 식도 부분이 수술하면서 다 없어졌기 때문에 식도 대신 만들어 놓은 음식 통로가 그 역할을 하고 있었다. 그런데 그 음식 통로는 음식이 역류하지 못하도록 하기 위해 좁게 만들어졌고, 설상가상으로 그 음식 통로가 흡착이 되어 막혀 버린 것이다. 그래서 그는 침을 삼킬 수도, 물을 마실 수도 없었다.

사람들은 그의 소식을 듣고 문병을 왔다. 그중 그가 알지 못하는 두 사람이 왔고, 그들은 자신을 이렇게 설명했다.

"저희는 이곳에서 1,200km 정도 떨어져 사는 사람입니다. 저희 이웃사람이 사업차 이 동네에 왔다가 선생님 소식을 듣고 저희에게 전해 줬어요. 그래서 도움을 좀 드리려고 열 시간 차를 타고 오는 길이에요."

그들은 당시 이상구 박사님이 LA에서 뉴스타트를 강의했을 때 녹음한 테이프 세트를 전해 줬다. 그러나 당시 그는 문병 온 다른 사람들이 전해 준 민간요법에 정신이 팔려 있어서 테이프는 거실에 밀쳐 놓았다.

"이틀 뒤, 일을 마치고 좀 쉬어야겠다 생각하며 방에 앉아 있는데 밖에서 누가 저를 쳐다보는 느낌이 들더라고요. 그래서 밖을 보려고 고개를 돌렸는데 거실 소파 밑에 있는 테이프에 눈이 꽂혔어요. 참 신기하더라고요."

그리고 테이프를 틀었고, 살면서 한 번도 듣지 못한 이야기들을 듣게 되었다.

"병은 마음에서 시작된다는 이야기였어요. 마음이 즐거우면 엔도르핀이 돌고, 병든 몸을 치유해 준다는 이야기요. 예전에 몸에 좋다는 건 이것저것 다 챙겨 먹었는데 그때가 정말 무지스럽고 참 바보 같았다 싶더라고요."

그는 강의 내용에 따라 육식을 채식으로 바꾸고, 운동도 하면서 규칙적인 생활을 시작했다. 당시 그는 캐나다 앨버타 주에 살았는데 주 정부법으로 암환자는 원하는 곳에서 수술을 받을 수 있지만 항암치료는 주에서 지정한 병원에서만 받을 수 있었다. 그래서 주정부에서 지정한 병원의 치료법은 누구도 거절할 수 없게 되어 있고, 아무도 이의를 제기하지 않는다. 그도 다른 암환자들과 마찬가지로 그곳에서 다시 검사를 받고, 의사와 면담을 했다. 의사는 말했다.

"당신은 항암 방사능 치료를 연속해서 받아야 합니다."

그는 의사에게 설명을 더 요구했다.

"왜 연속해서 받아야 합니까?"

"수술했지만 임파와 간에 이미 전이가 많이 되어 있으니 항암으로 없애야 합니다."

그는 그때 이웃인 한국인 두 명이 생각났다. 둘 다 위암이었는데 수술 후 항암치료를 몇 번 한 뒤 암이 사라졌다고 좋아했다. 그런데 10개월 뒤 다시 재발했고, 병원에서 항암을 반복하다가 미라처럼 변하며 고통받았던 모습이 생생하게 기억났다.

그는 항암을 해서 나을 수 있다는 확신이 서지 않았다. 그 고통을 견딜 자신도 없었다. 가족들에게 그런 모습을 지켜보게 하는 것도 몹쓸 짓 같았다. 당시 그는 이상구 박사의 강의로 한 줄기 희망을 갖게 된 시점이었다. 항암을 해야 할지 자연치유를 해야 할지 기로에 놓였다. 선택하는 데 시간을 갖고 싶었던 그는 의사에게 말했다.

"가족들하고 의논해서 정하겠습니다."

그러나 의사는 이 상황이 이해가 안 간다는 듯 고개를 저으며 그를 설득했다.

"항암치료를 받고 안 받고는 당신이 결정하는 게 아닙니다. 안 받으면 생명을 잃게 돼요."

그러나 이미 마음을 굳건히 먹은 그는 의사에게 다시 간청했다.

"그럼, 제가 치료를 받을 수 있게 체력을 3주 정도 보강해서 오겠습니다."

이미 그는 수술로 몸이 많이 피폐해진 상태였다. 여기서 항암을 시작해도 견딜 수 없을 듯했다. 그러나 의사도 완강했다.

"체력보강은 우리가 시켜 줄 테니 입원하세요."

계속 이어진 공방에도 의사는 그를 쉽게 놓아 주지 않았다. 그래서 사업 핑계를 대며 일주일의 시간만 달라고 했다. 그랬더니 의사는 그에게 딱 하루의 시간을 줬다. 그렇게 겨우 빠져나와 아내를 마주했다. 아내는 그의 선택을 이해하지 못하겠다는 듯 말했다.

"왜 항암치료 안 받는 거야? 당신 없이 애 셋을 이 낯선 땅에서 어떻게 키우라고?"

다음 날 아침, 병원에서 전화가 왔다.

"오늘 다섯 시까지 오는 거 잊지 마세요. 안 오면 앰뷸런스를 보내겠습니다."

어떻게 해야 할지 고민하던 그는 자신을 수술한 의사가 생각났다. '이분이라면 도움을 줄 수 있지 않을까?' 하는 희망에 전화를 했더니 마침 의사는 비번이라며 자신의 사무실로 찾아오라고 했다. 그는 의사에게 항암센터에서 있었던 이야기를 했다. 그리고 물었다.

"제가 이 항암치료를 받아야 합니까?"

그랬더니 의사는 그에게 이야기를 하나 들려줬다.

"사방이 꽉 막힌 벽에 쥐가 몇 마리 있다고 생각해 보세요. 이 쥐를 잡기 위해서 앞벽 뒷벽 옆벽을 모조리 다 치면 쥐는 잡을 수 있을지 몰라도 벽이 다 무너지지 않을까요?"

한국 속담에 빈대 한 마리 잡기 위해 초가삼간을 태운다는 말이 생각났다. 암을 죽이기 위해 내 몸이 다 망가질 수밖에 없는 치료방법이었다.

"항암치료를 받고 안 받고는 당신이 결정해야 하는 겁니다. 당신의 몸을 누가 대신 살아 줄 수 없기 때문이죠. 다른 누군가가 해라 하지 마라 하는 말에 끌려가는 건 멍청이나 하는 짓입니다."

의사의 말을 다 들은 그는 집으로 돌아가려고 일어섰다.

"하나만 더 물을게요. 당신이 나 같은 상황이라면 어떻게 할 겁니까?"

그는 한사코 고개를 저으며 말했다.

"No. Never. 항암치료는 대단히 무서운 치료 방법입니다. 저라면 절대 하지 않아요."

그는 듣고 싶은 대답을 들었다. 그렇게 집에 오니 병원에서 또 전화가 왔다.

"준비 됐습니까?"

그는 이 도시를 탈출하는 방법밖에 없다고 생각했다. 병원에서 쫓아오기 전에 서둘러 저녁 비행기를 타고 토론토로 도망갔다.

수술 당시 담즙관도 잘랐는데 의사가 이를 막지 않고 수술을 끝내버렸다. 그래서 담즙이 식도로 올라오는데 그럴 때면 가슴을 찌르는 듯 아프고 따가웠다. 잠을 잘 때도 누울 수가 없었다. 누우면 담즙이 온몸으로 흐르기 때문에 앉아서 잠을 잤다.

그의 신경은 점점 예민해졌고, 가족에게 화를 내기도 했다. 그런 생활이 이어지면서 그의 가족은 파탄 직전까지 갔다. 그때 이웃 사람이 이상구 박사가 미국의 '위마'라는 곳에서 강연을 하니 가 보라고 했다. 그는 짐을 챙겨 혼자 떠났다.

"봉사자들의 사랑을 받으니 힘들어서 우울했던 마음이 밝아지더라고요. 그곳에서 용서와 사랑을 알았어요."

어쩌면 암환자들에게 필요한 건 정신적인 도움이 아닐까. 가까이 있는 가족들은 오랜 시간의 병간호로 지쳐 있기 때문에 말이나 행동이 따뜻하지 못할 때가 있다. 그러나 그곳의 봉사자들은 환자들을 어떻게 대해야 하는지 안다.

그렇게 프로그램을 마치고 밝아진 마음으로 집에 오니 아내가 앉아 있었다. 그는 집에 오자마자 아내의 두 손을 꼭 잡은 채 무릎을 꿇고 말했다.

"지난날의 나를 용서해 줘."

아내는 눈물을 흘리면서 고개를 끄덕였다.

그는 지금도 그때를 떠올리면 아내의 안도한 표정을 잊을 수 없다고 한다.

그를 수술한 의사에게 찾아가 항암치료에 대해 물었던 날, 그는 이렇게 물었었다.

"그럼 제가 얼마나 살 수 있습니까?"

"통계학적으로는 4개월입니다."

그는 말을 멈추고 사람들을 보며 미소 지었다.

"그런데 이곳에서 이렇게 봉사하며 용서와 사랑으로 산 지 30년이 넘었습니다. 항암 한 번 없이요."

신은 다 계획이 있구나!

삶을 열심히 살다 보면, 노력의 결실을 맺는 순간보다 고뇌하는 시간이 더 많다. 그래서 우리는 때때로 이 초조하고 끝없는 터널이 언제쯤 끝이 날까 생각하며 그 순간들을 버틴다. 그러다가 문득 "내가 원한 건 이런 인생이 아니야!"라고 생각하고 실패하게 되면 이제껏 했던 일들이 다 의미 없다고 생각해 버리기도 한다.

그런데 이런 생각들이 크게 잘못되었다는 깨달음을 얻게 된 소름 돋는 사건들이 최근에 몇 가지 있었다. 나는 이 사건들로 삶을 완전히 다르게 생각하게 되었다. 사람이 세상의 이치를 깨닫는 순간은 큰일에서 얻는 것이 아니다. 과거 현자들도 아주 작은 사건을 보고 세상의 이치를 깨달았다. 뉴턴은 사과가 떨어지는 것을 보고 중력의 힘을 깨달았고, 아르키메데스는 목욕탕 물에 들어가 '유레카!'를 외쳤다. 나도 이 위대한 사람들처럼 머릿속에 느낌표 세 개가 명확히 찍히는 순간을 겪었다.

친구 집에 살고 있던 당시, 파주에서 일하고 있던 친구는 남은 짐 정리를 하러 한 달에 두 번 또는 세 번 정도 집에 들렀다. 먼길을 온 친구에게 맛있는 것도 해주고, 함께 놀면서 주말을 재미있게 보냈다. 그런데 친구가 그날은 깜빡하고 지갑을 두고 파주로 가 버린 것이다. 그 사실을 버스를 타고 나서야 알았다.

"괜찮아. 카드는 있으니까 지갑은 2주 뒤에 가지러 올게."

다음 날, 나는 병원에 가기 위해 지갑을 챙겼다. 그런데 지갑 안을 보니 카드가 어디론가 사라지고 없었다. 한참을 찾아도 나오지 않고, 버스 시간은 다 되어 가서 친구가 놓고 간 지갑을 잠시 빌렸다. 내가 가진 현금은 천 원뿐이었고, 설상가상으로 친구가 가진 교통카드에 잔액이 얼마 남았는지도 모르는 상황이었다.

카드를 찾느라 시간이 지체된 터라 일단 뛰었다. 버스정류장에 도착했을 때, 버스가 출발하는 게 보였다. 뛰어오는 나를 보며 기다릴 줄 알았는데 버스는 나를 보고도 쌩하고 떠나 버렸다.

"오늘따라 일이 왜 이렇게 꼬이는 거야!"

그렇게 투덜대고 있는데, 버스가 지나고 보인 맞은편 ATM기기가 눈에 들어왔다.

'어차피 버스도 놓쳤는데 교통카드에 얼마 있는지나 보자!'

조회를 해 보니 남은 금액 600원. 어차피 버스를 탔어도 현금 1,000원 따로 카드 600원 따로 이렇게는 돈을 낼 수도 없으니 버스에서 내렸어야 했다. 1,000원을 충전하고 정류장으로 돌아왔다. 그리고 1분 뒤 정말 신기하게도 내 앞에 버스가 얌전하게 섰다. 마치 신이 이렇게 말하는 듯했다.

'버스 카드 충전하라고 내가 앞의 버스는 그냥 보냈어.'

순간 내 뜻대로 일이 일어나지 않았다고 불평하는 내 모습을 보며 신은 어떤 생각을 했을까. 나라면 아마 혀를 끌끌 찼을 것이다. 예전에 읽었던 이솝우화가 생각났다.

한 노인이 말을 기르는데 그 말이 도망을 갔다. 사람들이 안타까워하는데 노인은 덤덤하게 말했다.

"글쎄요. 이 일이 복이 될지 누가 알겠소?"

얼마 뒤 노인이 잃었던 말이 다른 야생마를 끌고 오면서 말이 여러 마리 생기자 사람들이 축하하며 부러워했다. 그러자 노인은 "글쎄요. 이 일이 재앙이 될지 누가 알겠소?"라며 덤덤하게 말했다.

어느 날, 노인의 아들이 그 말들 중 한 마리를 타고 다녔는데 말에서 떨어져 버리는 바람에 절름발이가 됐다. 그러나 아들은 이 일로 징집에서 면제되어 살아남았다.

나쁜 일이 정말 나쁜 일이 아닐 수 있다. 다들 현재 일어난 일들만 보고 왈가왈부하는데 그건 신의 입장에서 보면 아주 웃긴 광경이다. 그 일이 나중에 어떻게 나에게 다시 영향을 줄지 모르는데 말이다.

친구 집에는 인터넷 공유기가 설치되어 있지 않다. 컴퓨터를 하려면 인터넷이 꼭 필요한데 나도 잠깐만 머물 거라 3년치 약정을 걸기가 부담이 되었다. 그래서 좀 느리더라도 건물 내 공용 인터넷 선을 쓰기로 했다. 방에 컴퓨터를 설치하고 인터넷 선을 꽂았는데 인터넷이 되지 않았다. 친구도 의아해하며 '예전에는 됐었는데….'라고만 할 뿐 이유를 몰랐다. 어떻게 할까 고민하는데 거실에 있는 TV가 떠올랐다.

내가 들어올 당시만 해도 거실에 큰 TV가 있었고, 친구는 이 TV를 나에게 주기로 약속했었다. 그런데 친구가 그 사실을 잊고 다른 친구에게 팔아 버린 것이다.

"그 TV 나한테 주기로 했잖아! 그걸 어떻게 까먹을 수가 있어?"

나는 화를 냈고, 친구는 미안해했다. 이미 없어져 버린 TV라 더 쏘아대는 것도 의미가 없었다. 그런데 TV가 빠져 나간 자리에 인터넷 선을 꽂을 자리가 보였다. 혹시 여기에 꽂으면 될지도 모른다는 생각에 책상과 컴퓨터를 모조리 분리시키고 대이동을 했다. 그렇게 다시 설치하고 인터넷 선을 꽂았는데, 네이버가 켜졌다! 감격스러움에 박수를 쳤다. 친구가 TV를 다른 친구에게 안 팔았다면 어떤 방법을 택했을지 잘 모르겠다.

며칠 뒤, 문득 창문을 보는데 느낌표 세 개가 머릿속에 다시 떠올랐다. 나는 늘 낮고 큰 창문을 좋아했다. 언제든 바깥을 볼 수 있도록 말이다. 그런데 거실의 창문이 딱 그랬다. 반대로 방의 창문은 높고 갑갑했다. 마치 신이 이렇게 말하는 듯했다.

'네가 좋아하는 자리에 앉게 하려고 방의 인터넷선은 고장냈어.'

돌아보면 이제껏 있었던 나쁜 일들이 다 나쁜 일은 아니었다. 오히려 좋은 일이 되는 경우도 있었고, 그 순간에 짜증과 화를 내도 달라지는 건 없었다. 이런 식의 일이 몇 번 있고 난 후 나는 내 예상을 빗나간 일이 생기면 이렇게 외친다.

'좋았어! 좋은 일이 생기려나 보다. 신은 언제나 나를 위해 좋은 일을 계획하니까.'

그러면 화가 났던 마음이 눈 녹듯 가라앉는다.

중요한 시험에 거듭 낙방할 수도 있다. 노력만큼의 성과가 따라오지 않을 수도 있다. 그러나 우리는 눈앞의 결과가 아닌 그 너머를 볼 줄 알아야 한다.

인생은 언제나 좋은 쪽으로 흘러가게 마련이다. 그렇게 믿고 어떤 일이 생기든 좋아라고 외쳐 보자. 신은 언제나 작은 불행 속에서도 우리에게 힌트를 주니까. 그리고 그 힌트가 운이 다시 풀리기 시작하고 있다는 증거이다.

Bravo My Life!

긍정심리학에서는 감사편지를 쓰고 그것을 당사자에게 전달했을 때 가장 높은 행복감을 달성했다는 연구 결과를 내놓았어요. 감사일기뿐 아니라 감사편지 또한 긍정적인 감정을 만들어 준다고 하지요. 불평이나 상처보다는 감사로 마무리하는 하루. 나에게 없는 것에 집중하는 삶. 당신의 삶은 어디에 더 가까운가요? 오늘 하루 건강, 환경, 주변 사람들 등 사소한 사건까지 천천히 곱씹어 보며 감사한 일과 그것을 통해 느꼈던 행복감을 떠올려 감사일기를 써 보세요.

NEWSTART 실천하기

1. 입이 아닌 몸이 좋아하는 음식 먹기

고기 위주의 식사보다는 채식이 좋은 건 다들 아는 사실이다. 그러나 채식이 힘들다면 한 끼당 신선한 채소 한 가지씩 먹는 건 어떨까? 회사에 상추 다섯 장을 챙겨 가는 것부터 시작하자. 간식이 먹고 싶을 때는 과일로 대체하면 된다.

2. 운동은 가볍고 상쾌할 정도로 하기

운동이라 하면 힘들고 격정적인 것들을 해야 한다고 생각한다. 그러나 그것 또한 스트레스가 될 수 있으므로 걷기나 스트레칭 30분 정도가 좋다. 어떤 것부터 시작해야 할지 모르겠다면 유튜브에 '뉴스타트 스트레칭'이라고 검색해서 따라해 보자.

3. 깨끗한 물 마시기

커피, 주스, 차보다는 깨끗한 물 한 잔이 더 낫다. 어떤 음료도 물을 대체할 수 있는 건 없다. 아침에 일어나자마자 물 한 잔 마시고 하루를 시작하자.

4. 햇빛이 들어오는 창문 옆에 책상 놓기

햇빛을 쬐면 세로토닌이라는 호르몬이 생산된다. 이 호르몬은 마음의 안정을 가져다 주고, 밤에 멜라토닌으로 변환되어 잠을 잘 잘 수 있도록 해준다. 우울증 환자에게도 햇빛을 쬐는 건 중요한 일이다. 밖에 나가서 햇빛을 쬐는 게 좋지만 그게 힘든 사람이라면 창가 옆에서 햇빛을 받으며 일하는 게 좋다.

5. 도시에서 도망치기

우리는 공기 없이는 죽는다. 그러나 사람이 신경 쓰지 않아도 숨은 쉬어지기 때문에 별 신경을 쓰지 않는 경우가 많다. 매연 속에서 열심히 운동하는 건 안 하느니만 못 하다. 일주일에 한 번은 자연으로 돌아가서 맑은 공기를 마시고 오자.

6. 과하게 일하지 않기

한국인은 야근을 자처할 정도로 열심히 일한다. 뭐든지 과한 건 모자란 것보다 못하다. 밤에 자연스럽게 잠이 몰려오는 이유는 우리 몸이 피로가 회복되도록 신이 설계했기 때문이다. 일했으면 쉬는 것도 계획에 넣을 만큼 일과 휴식의 균형이 중요하다.

7. 좋은 에너지가 흐르게 하기

좋은 음식을 먹으면서 매일 누군가와 다투고 극심한 스트레스를 받는다면 건강할 수 없다. 힘든 순간에도 나에게 일어난 일들 중 감사한 일들이나 행복한 순간들, 사랑이 느껴지는 순간들을 떠올리자.

Chapter 5
다시 세상 속으로

도망친 곳에
낙원이 있었다

⌣

어떤 남자가 내 뺨을 후려쳤다. 나는 맥없이 그 남자에게 잡혀 지하철에 올라탔다. 어디로 가는지도 모른 채 끌려가다 잠시 남자가 한눈을 판 사이 지하철 문 사이로 빠져나와 도망쳤다. 가슴이 벌렁벌렁, 심장이 두근두근, 있는 힘껏 뛰면서 어디로 가야 안전할지를 떠올렸다. 그리고 길찾기 어플을 열어 검색했다.

'뉴스타트 센터'

제일 빠른 방향으로 달렸다. 그 남자가 쫓아오는 걸 보고 나는 젖먹던 힘보다 더 세차게 달렸다. 잡히면 죽을 거라는 생각에 두려워 지금 이 도망이 마지막 기회라 생각하고 뛰었다. 나는 다행히 센터에 잘 도착했고, 그곳 사람들은 날 숨겨 주었다.

눈을 떴다. 너무 생생했기에 꿈이라는 걸 알고서야 안도했다. 요즘 도망치는 꿈을 자주 꾼다. 매번 잡히거나 도망치다가 잡힐 듯 말 듯 하다가 깨곤 했는데 오늘은 드디어 잡히지 않은 채 안전한 곳에 도착했다. 마침 안전하다고 생각한 곳이 '뉴스타트 센터'라니. 신기했다.

'요즘 왜 이렇게 꿈을 많이 꾸지?'

극단적인 꿈들을 자주 꿨다. 한번은 내가 내 눈을 뽑는 꿈을 꾸고 한밤중에 깨서 엉엉 울기도 했다. 누군가를 죽였거나 누군가가 죽은 걸 봤거나 전에 사귀던 사람이 꿈에 나왔거나 새똥을 맞았거나, 조금이라도 특이점이 있는 꿈이라면 인터넷을 뒤져 해몽을 찾았다. 그렇다고 그날 무슨 일이 생긴 건 아니었다. 그냥 기억나지 않는 평범한 일상 중 하루였다.

그럼에도 불구하고 이번에 꾼 꿈은 뭐였는지 나는 요즘 왜 이런 종류의 꿈을 많이 꾸는 건지 궁금해서 해몽을 들여다 봤지만, 내 상황에 딱 맞는 이야기는 없었고, 그저 두루뭉술한 누구한테나 해당되는 내용들뿐이었다.

그러다 그날 밤 〈오두막〉이라는 영화를 봤다. 사랑하는 막내딸을 잃은 남자는 의문의 편지 한 통을 받고 딸이 살해당한 그 오두막을 찾는다. 그곳에서 '파파'라는 신을 만나 며칠 간 지내는데, 딸이 유괴를 당하는 순간을 재연한 악몽을 꾼다. 아침에 식은땀을 흘리면서 깨어난 그에게 '파파'는 말한다.

"있지. 꿈은 중요해. 창문을 여는 방법일 수 있지. 나쁜 공기를 내보내게."

나는 이제껏 꿈을 너무 진지하게 받아들였다. 그러나 꿈은 해석하기 위해 존재한다기보다 나의 억눌려 있던 감정을 마주보는 시간이다. 그 꿈 자체의 의미가 중요한 게 아니라 나의 무의식이 꿈을 통해 나의 억눌렸던 나쁜 감정과 기운들을 밖으로 내보내고 있다고 생각하면 된다.

엄마는 한때 외할아버지가 꿈에 자주 나왔다고 한다. 외할아버지로부터 느꼈던 감정들이 해소되지 않은 채 외할아버지가 돌아가셨다. 당시만 해도 엄마는 모든 상황이 괴로웠다. 일상에서 스트레스를 많이 받아 짜증도 잦았고, 화 내는 순간도 많았다. 그런데 이제는 그 시절보다 상황이 많이 나아졌다. 좋은 쪽으로 생각하려 애쓰다 보니 이제는 아무리 꾸려고 해도 외할아버지가 꿈에 나타나지 않는다고 했다. 아마 엄마도 외할아버지에 대한 나쁜 감정들을 다 내보내려고 자꾸 할아버지 꿈을 꾼 게 아니었을까.

지인으로부터 오랜만에 연락을 받았다.

"민지 씨, 잘 지내죠? 다름 아니라 학교에서 강의 초청이 왔는데 작가님을 찾고 있어서요. 시간 괜찮으세요?"

고등학교 글쓰기 동아리였는데 마침 장소도 집에서 걸어서 10분 거리였고, 시간도 딱 수술이 끝난 2주 뒤라 회복 시간을 고려하고도 모든 조건이 완벽했다.

"너무 재밌을 것 같아요! 제가 할게요."

학생들에게 작가가 되는 것에 대해 설명한다는 것, 그 자체로 기대감과 설렘에 가슴이 두근거렸다. 기회는 사람을 통해 온다는 게 정말 사실이었다. 학원 강의도, 학교 강의도, 출판도 모두 내가 알던 지인들을 통해 기회가 왔다. 인맥 없이도 SNS 같은 것들로 자기 PR을 할 수 있는 시대라고 하지만 섭외 1순위는 아는 사람들 중에서 찾게 된다.

학원을 그만두고 나서 어떻게 먹고 살아야 하나 막막했던 시기를 뒤로하고 드문드문 일들이 들어왔다. 유튜브 채널에서 돈을 주고 광

제2의 인생 그래프

미래의 인생 그래프를 그려 볼까요? 내가 이루고자 하는 것들, 앞으로 헤쳐

나가야 할 것들을 생각하며 충실한 삶의 그래프를 완성해 보세요.

고를 의뢰하겠다는 업체들이 갑자기 늘었고, 학교 강의는 물론 그동안 한 번도 들어오지 않았던 영상 편집 의뢰 요청도 왔다.

강의 업체 담당자 분은 나의 유튜브를 보고는 너무 좋아하셨다.

"밝고 긍정적인 분이 이렇게 강의에 참여해 주셔서 너무 좋네요. 혹시 두 달 뒤에 초등학생 상대로 하는 직업 체험의 날이 있는데 그때도 시간 괜찮으세요? 주변에 좋은 내용으로 유튜브 하시는 분을 찾기가 힘든데 다행히 유튜브도 하고 계셔서요."

대구 경북 쪽은 지인들을 수색하기가 하늘의 별 따기다. 어쩌면 기회가 많지만 경쟁도 심한 서울보다는 대구에 있길 참 잘한 것 같다. 지역적 희소성은 개인에게 많은 기회를 주기도 한다.

중학교 선생님인 친구에게 전화를 걸어 옷차림, 강의 방식들을 물어봤다. 친구는 자신의 일처럼 기뻐하며 요즘 아이들에 대해서 알려주었다. 나는 컴퓨터 앞에 앉아 PPT를 만들었다. 아이들에게 어떤 이야기를 해줄까? 그 장면을 상상하며 최대한 재미있는 이야기로 두 시간을 구성했다.

그렇게 새로운 사람과 관계를 맺게 된 이후, 유튜브나 작가 관련 강의나 일거리가 있으면 항상 나에게 전화가 왔다. 새로운 일에 가슴이 뛴다는 걸 알고 하늘이 나를 위해 준 선물 같았다.

사람은 변한다

⌣

나는 남에게 상처 줄 말을 잘하지 못한다. 친구들에게도 가족에게도. 어쩌다 한 번 그런 말을 내뱉고 나면 혼자 죄책감을 느껴 눈물을 흘린 적도 있다. 그런 기억은 한 손가락으로 셀 수 있는데 그중 한 기억이 드문드문 나를 괴롭히다가 최근에야 나는 그 악몽에서 벗어날 수 있었다.

하루는 친할머니가 나를 위해 시장에서 옷을 사서 보내 준 적이 있다. 그리고 옷을 받자마자 할머니로부터 전화가 왔다.

"민지야, 그 옷 마음에 들더나?"

옷이 썩 마음에 들지는 않았지만 할머니의 마음을 생각해서 예쁘다고 할 참이었다. 그런데 엄마는 솔직히 마음에 들지 않는다고 말하라는 눈치를 줬다.

중학생이었던 나는 엄마가 시키는 대로 말할 수밖에 없었다.

"아니요. 옷이 너무 촌스럽고 별로던데요."

이 말을 하면서도 마음이 너무 아팠다. 누군가에게 상처를 준다는 건 나에게 똑같이 상처를 입히는 일이었다. '죄' 자체가 '벌'이라는 말이 무슨 말인지 그 어린 나이에도 알았다.

"아… 그렇더나?"

전화 너머로 들리는 할머니 목소리는 풀이 죽은 듯한 느낌이었다.

아직도 그때가 생각난다. 엄마와 할머니 사이의 깊은 감정의 골로 엄마는 나를 통해서라도 할머니에게 상처 주고 싶었던 것이다. 그리고 나도 그게 엄마를 위한 일이라 생각했다.

모두들 그 일을 까맣게 잊었지만 나는 그때의 일을 아직도 생생히 기억한다. 떠올릴 때마다 죄책감이 느껴졌고, 그때의 나를 용서할 수 없었다. 너무 죄책감이 커서 스트레스였다.

엄마와 할머니 사이는 오랜 시간이 지나서도 나아질 기미가 안 보였다. 엄마와 할머니 두 분 다 어떤 것에든 열성적이라 자주 부딪힌다. 잘 지내는 듯하다가도 항상 어긋났고, 할머니와의 통화만 마치면 엄마는 성난 사자가 되어 있었다. 그렇지만 정이 너무 많고 마음이 약했던 엄마는 할머니가 힘들 때면 도와주면서도 시간이 지나면 "괜히 나섰어."라고 후회하기를 반복했다.

모든 것에 짜증을 냈고, 그럴 때는 나조차 옆에 있기 싫었다. 매번 똑같은 패턴으로 화가 나서 가족 중 누군가 그 심기를 건드리는 순간 엄마는 제정신인 사람이 아니었다. 화를 낼 만한 일이 아닌데도 뭐에 씐 듯 사람을 놀라게 했다.

그러던 엄마가 뉴스타트 프로그램에 갔다 온 뒤 변한 것이 있다.

"이제 할머니가 뭐라 해도 거기에 휘둘리지 않을 거야."

그와 더불어 친정식구들의 이야기에 열을 내지 않으려고 노력했다. 할머니의 전화에도 그러려니 했고, 이왕 해주는 거면 좋은 마음으로 도와줬다. 종종 성이 나 보이긴 했지만 마음을 달래며 잘 지냈다.

그러던 어느 날, 할머니로부터 안타까운 소식이 들렸다.

"병원에 갔는데 암이라더라."

나이도 많으셔서 정기적으로 검진을 받으시는데 다행히도 암이 크지 않을 때 발견이 되었다. 할머니는 며칠 입원했고, 시술 치료 후 퇴원했다. 할머니는 엄마에게 전화해서 말했다.

"니한테 항상 고맙다."

할머니는 며칠 동안 병실에 누워서 많은 생각을 했다고 한다. 몇 년 동안 혼자 돈을 벌면서 아빠를 간호하는 엄마에게 내내 하고 싶었던 말이라고 했다. 엄마는 처음 그 말을 듣고 당황해하며 나에게 말했다.

"큰일을 겪으니까 사람이 변하기도 하네."

할머니는 언제나 기운이 넘쳤다. 모든 것에 활기찼고, 그 연세에도 여전히 밭에 가서 풀을 뽑고, 새벽에는 시장에 가 농산물을 내다 판다. 목소리도 쩌렁쩌렁하고 시장에 안 나가는 날엔 새벽부터 어딘가를 열심히 다니신다. 자식들이 데리러 가지 않아도 알아서 버스와 지하철을 타고 원하는 곳에 가신다. 병원에서 준 약을 먹고 속이 메스꺼우면 그냥 안 드신다. 그리고 입맛이 없을 때는 뭐라도 먹어야 한다는 생각에 혼자 라면을 끓여 드신다. 뭐든 오래 생각하지 않고 행동으로 바로바로 옮긴다. 할머니가 빨리 나은 이유는 이런 성격 때문 아닐까.

혼자서도 척척 하는 할머니를 보며 엄마도 이제는 할머니를 향한 연민의 감정을 느낀다. 세월의 힘이 참 무섭다는 걸 새삼 깨달았다. 호랑이 같은 두 사람이 이렇게 마음이 약해지는 날도 오니 말이다. 그리고 엄마는 가끔 나에게 이런 말도 한다.

"할머니한테 맛있는 거 사주게 돈 많이 벌어."

엄마와 할머니 사이의 오해와 미움이 풀어지니 나도 자연스레 마음이 편해졌다. 내가 멀리하든 가까이하든 상관없이 할머니는 통화하면 제일 먼저 하는 단골 멘트가 있다.

"사랑한데이."

이 말을 들을 때마다 이제껏 난 그 말에 화답을 해줄 수가 없었다. 사랑한다는 말도 어색했고, 그 말을 하면 안 될 것 같았다. 그 말을 하면 엄마를 배신하는 거라 생각했다. 그리고 그때 할머니에게 상처 줬던 내가 자꾸 생각났다. 그러나 이제는 나도 스스로를 용서해야 했다. 이미 할머니의 기억에도 없는 그 사건으로 혼자 괴로워할 필요가 없었다. 그리고 어버이날 할머니한테 전화를 걸었다. 역시나 기분이 좋은 할머니는 전화를 받자마자 말했다.

"민지가? 사랑한데이~."

밑도 끝도 없이 사랑한다는 말부터 내뱉는 할머니에게 대답했다.

"할머니, 나도 사랑해!"

귀가 어두운 할머니를 위해 있는 힘껏 소리를 질렀다.

관계는 언제든 변한다. 흐르는 강물처럼 그 자리에 머물러 있지 않는다. 큰 사건으로 사람이 변해 관계가 변하기도 하고, 시간이 저절로 풀어 주기도 한다. 사람은 변하지 않으니 그만 노력하라는 말도 많이 들었다. 그러나 많이 산 인생은 아니지만 내가 본 바로는 10년 단위로 사람들은 변해 갔다. 나도 10년 전의 내 모습을 생각하면 지금과는 너무도 다른 모습에 같은 사람이 맞나 싶기도 하다.

배우 김태리가 브이앱에서 팬의 고민을 상담해 준 일이 이슈가 됐었다. 20년 된 친구가 있는데 자꾸 이기적으로 행동해서 어떻게 해야 할지 모르겠다는 고민에 그녀는 이렇게 답했다.

"제 생각에는 잠시 시간을 두는 게 좋을 것 같아요. 잠시 거리를 두고 서로의 삶에 집중하다가 다시 오랜만에 만나면 또 좋을 수도 있거든요."

요즘에는 인간관계를 빠르게 결론 짓자는 글귀들이 많이 보인다. 사람은 안 변하니 기다리지 말라고. 그런데 실제로는 그렇지 않다. 무 자르듯 자르기 힘든 관계도 많다. 지금 아니면 끝, 이게 아니라 좀 더 시간을 갖자. 분명 살다 보면 그 사람도 나도 겪는 일이 많아지면서 삶을 대하는 태도가 조금씩 바뀌기도 하니까.

관계를 너무 극단적으로 생각하지 말자.

신의 선물

⌣

수술 전날, 미리 병원에 입원했다. 수술 과정에 대한 설명을 듣고, 여러 가지 준비할 사안들이 많았다. 6인실 중간 자리를 배정받고 들어가 보니 생각보다 작았다.

"여기가 이렇게 좁았었나? 전엔 넓다고 생각했는데…."

이미 입원 중인 환자들은 모두 커튼을 치고 있어서 안에 누가 있는지도 알 수 없었다. 삭막하고 조용한 분위기에 엄마와 나는 말수가 줄었다. 분홍색 원피스 차림의 환자복으로 갈아입고 나서도 내일 수술하는 게 실감나지 않았다.

수술을 위한 준비를 하나씩 진행했다. 일단 몸속에 있는 음식물들을 모두 비우기 위한 관장약이 든 1L의 물을 한 시간에 걸쳐 마셨다. 그리고 간호사가 와서 내 몸에 장치들을 하나씩 붙였다. 항생제 검사, 수액과 진통제 등을 넣을 곳을 정하는 등 몸에 바늘을 여러 번 꽂았다. 이제는 홀몸이 아니었다. 항상 수액을 걸친 거치대와 함께했다. 화장실 갈 때면 그렇게 불편했다.

멀쩡하게 밖에 다닐 때는 내가 그런 병을 가지고 있을 거라고는 아무도 상상하지 못했을 것이다. 그래서 요즘에는 걸어 다니는 사람들을 보면서도 저 중에는 말 못 할 사정이 있는 사람도 있겠지 생각한다. 사연 없는 집은 없다고 하니까.

병실 안을 왔다갔다할 때 보이는 환자들은 전부 다 내 또래 아니면 나보다 어린 여자들이었다. 그래서 다들 커튼을 치고 있는 것이 아닐까 싶었다. 아주머니와 할머니들과 같은 병실을 썼던 10년 전엔 다들 어린 나에게 말을 걸고 싶어 했다. 과일도 나눠 먹고, 재밌는 이야기도 하고, 의사가 꿈이라 응급실을 직접 보고 싶다는 말에 몰래 데려가 준 할머니도 계셨다. 그때 나의 마음을 안정시켜 준 할머니의 말은 "며칠 전에 니보다 더 어린 중학생 한 명도 수술하고 갔데이."였다. 나만 어린 나이에 수술하는 사람이 아니라는 이상한 안도감이 들었다. 그때만 해도 이런 여성질환을 이야기하는 건 부끄럽다는 인식이 있었다.

그런데 이제는 젊은 여자들과 같은 병실을 쓴다. 예전에는 산부인과 병실에 어린 사람은 나뿐이었는데 많은 여학생들이 질병에 걸리고 있다는 게 씁쓸했다. 통계를 봤을 때도 10년 전에 비해 더 많은 산부인과 환자들이 생겼다고 한다. 과학기술은 날로 나아지고, 삶의 질은 점점 높아져 가는데 병에 걸리는 사람들은 왜 더 많아지는 걸까.

엄마는 힘들었는지 간이침대를 빼고 누웠다. 그렇게 각자 누워 있는데 의사가 찾아왔다. 자신을 레지던트라고 소개한 여자 의사는 아직 어려 보였지만 말투가 나긋했다.

"이번이 두 번째 수술이죠? 그래서 수술 전에 알려드릴 사항이 좀 많아요. 수술을 한 번 한 적이 있던 사람은 장기 간에 유착이 되어 있을 가능성이 크거든요. 원래는 장기 사이에 미끌미끌한 물질이 있는데 수술을 한 번 했던 사람들은 장기가 서로 딱풀처럼 붙어 있기도 해요. 이걸 뜯어내는 데도 시간이 좀 걸려요."

10년 전 같은 병실에 있던, 수술 후 유착 때문에 입원 기간이 더 길었고, 모든 생활을 나보다 더 힘들어 했던 아주머니가 생각났다. 나도 어느덧 나이가 들어 그 걱정을 해야 했다.

"그리고 혹시나 상처가 잘 안 아물면 입원기간이 더 길어질 수도 있어요. 약간 마음에 걸리는 게 양쪽 혹 중 하나가 모양이 좀 안 좋더라고요. 혹시나 해서 수술 중에 바로 급성조직검사를 해 볼 거예요. 암인지 아닌지 확인 후에 어디까지 절제를 할지 결정이 될 것 같아요."

의사는 그림을 그리며 설명하면서 무서운 말들을 쏟아냈다. 우리는 당연히 혹만 딱 떼어낸다고 생각했는데 혹시나 암조직일 경우 나팔관까지 잘라내야 할 수도 있다는 말에 겁이 덜컥 났다. 환자의 알권리 때문에 세세하게 다 설명해 줘서 고마웠지만, 한편으로는 그만큼 더 자세하게 알게 되어 기분이 다운됐다.

수술은 다음 날 낮 2시로 정해졌고, 엄마는 또 다른 환자인 아빠를 챙기기 위해 집으로 갔다.

"내일 아침에 올게. 편하게 누워서 자."

시끌시끌하던 병원은 밤이 되자 조용해졌다. 링거를 끌고 화장실로 가서 이를 닦고, 얼굴을 씻었다. 쉽게 잠들 수 있을 것 같지 않았다. 밤 10시가 넘은 시간이라 병실 안 불은 이미 꺼져 있었다. 조용히 들어가니 간이침대에 걸터앉아 약간의 불빛에 의존한 채 책을 읽고 있는 아주머니가 계셨다. 맞은편 침대에 누워 있던 여학생의 어머니였다. 책을 좋아하는 나는 뭔가 모를 동질감에 말을 걸었다.

"책 좋아하시나 봐요?"

아주머니는 자신의 책을 들어 보이더니 웃으며 말했다.

"이제야 잠깐 시간이 나서요. 하루 종일 여기서 할 것도 없더라고요."

아주머니는 더 긴 할말이 있는지 밖에 나가서 이야기하자며 내 손목을 이끌었다.

늦은 밤, 화장실 앞에 있는 의자에 앉아 우리는 이야기를 시작했다. 아주머니는 아이들을 위한 심리상담도 하고 글도 쓰면서 다양한 활동을 하고 계셨다. 많은 지식을 보유한 아주머니의 말은 뜻하지 않게 나의 마음을 울렸다.

"우리 딸은 스물두 살인데 남자친구한테 병을 옮았어요. 지금은 헤어졌지만, 딸은 평생 이 병을 안고 가야 해요. 면역력이 약해지면 바이러스가 올라와서 몸을 아프게 하거든요."

안타까운 사연이었다. 내막을 자세히 알지는 못하지만 얼마나 괴로울지는 알 것 같았다. 이미 헤어진 뒤에야 사실을 알았으니 원망할 수 있는 대상도 사라진 것이다. 누구에게 하소연하기도 힘든 주제였다. 이 바이러스는 몸 안에서 여자아이의 몸을 조금씩 갉아먹고 있었다.

"그런 일을 겪고 딸이 너무 괴로워하기에 이렇게 말해 줬어요. 이제 와서 원망하는 건 소용없다고요. 아픔을 잘 이겨내면 신은 선물을 주는데 그 아픔을 이겨내지 않고 포기하고 세상을 비관하면 신도 너를 어찌할 수가 없다고."

인간은 고통 없는 삶을 원하지만 그런 건 이 세상에 존재하지 않는다. 인간이라면 누구에게나 고통이 찾아오고 그 형태와 원인은 다양하다.

"병은 나의 면역력이 가장 약할 때 찾아와요. 그런데 이 면역력은 즐거우면 엔도르핀이 나와서 쑥 올라가요. 그러니 누구든 병을 가지고 있다면 그 누구보다도 인생을 즐겁게 살아야 해요."

듣다 보니 아주머니가 하는 말들이 이상구 박사님이 한 말들과 비슷했다. 이상구 박사님의 저서 『질병을 다스리는 DNA 스위치를 켜라』에는 이렇게 나와 있다.

> 면역현상은 사랑과 진선미의 생명의 영을 주거나 받을 때에 상승되지만 증오심이나 분노와 공포에 처해 있을 경우에는 저하된다. 또 TV에서 어떤 아주 기분 나쁜 영화를 보고 나면 그 후에 뇌신경 재생능력이 3~4일 동안 현저히 저하되어 있다고 한다.

나는 이 글을 읽고, 즐겨 보던 막장 인기 드라마를 끊었다. 자극적인 소재로 볼 때마다 스트레스를 받고, 머리가 지끈대긴 했지만 재미있어서 항상 챙겨 봤었다. 그런데 이제는 사랑스럽고 행복한 영상만 보기로 했고, 사랑 영화들을 보니 심신이 안정되고 기분도 좋아졌다.

"사랑이에요, 결국. 타고난 기질은 변하지 않지만 노력하면 50퍼센트 정도는 바뀔 수 있어요. 네모로 태어난 사람이 좋은 사람을 만나서 따뜻한 눈빛과 사랑을 받으면 조금씩 그 모난 게 깎여서 끝이 둥근 네모는 될 수 있어요. 그래서 살면서 마음이 따뜻한 사람들과 어울려야 하는 거예요."

 매일 똑같이 반복되는 무료한 하루. 두근대는 심장을 느껴본 지가 언제인지 알 수 없고, 도무지 내일이 기대되지 않는다면 그것만큼 헛된 인생이 또 있겠어요?

따뜻한 사람들과 함께했던 뉴스타트에서의 생활이 떠올랐다. 이상구 박사님의 눈빛이 너무 따뜻했고, 자원봉사를 하는 분들과 눈을 마주칠 때면 치유되는 느낌이었다. 얼굴 표정은 거짓말을 할 수 있어도 눈빛은 거짓말을 못 했다. 눈빛은 마음에서 나오는 표정이니까. 좋은 사람들과 함께인 게 행복해서 덩달아 내 성격도 온순해지면서 긍정적인 생각들이 피어 오르는 걸 직접 느꼈다.

이런 이야기를 누군가에게 듣는 건 흔치 않은 일이다. 살면서 낯선 이가 이런 심도 있는 이야기를 해준 적은 없었다. 신이 수술을 앞두고 두려워하는 나를 위해 하고 싶었던 말을 아주머니의 입을 빌려 대신해준 것이 아닐까 하는 생각이 들었다.

이야기를 하고 보니 어느덧 12시였다. 내일 컨디션을 생각해 병실로 돌아가 누웠다. 그리고 나는 꿈을 꿨다. 누군가 밑으로 내려가 있던 이불을 올려서 따뜻하게 덮어 줬다. 포근하고 기분이 좋았다.

다음 날 아침, 눈을 떠 보니 주변에는 아무도 없었다.

온 세상 사람들의
기도가 모여

⏝

어젯밤 함께 이야기를 나눈 아주머니의 딸은 아침 10시가 되자 수술실로 갈 준비를 했다. 흐느끼는 소리가 들렸다. 처음 수술을 하는 딸은 무서웠는지 수술복으로 갈아입으면서 눈물을 흘렸다. 엄마와 나는 그들을 힐끔 보면서 다가올 내 차례를 기다렸다.

점심시간이 지나고 수술하기 한 시간 전, 수술이 이미 끝난 맞은편 여자아이가 침대에 실린 채 병실로 돌아왔다. 마취에서 깬 아이는 진통제 덕에 많이 아파 보이지는 않았다. 두 시간 후에는 음식을 먹어도 된다는 의사의 말에 안심했다. 그렇게 큰 수술이 아니었나 보다. 나도 저렇게 아무렇지 않게 깨어나 밥을 먹게 되겠지라고 생각했다.

수술에 들어가기 전, 마지막으로 화장실을 들렀다. 손을 씻는데 전화벨 울렸다. 아빠였다. 집에서 나올 때 인사를 하고 따로 연락을 한 건 없었는데 수술 직전이라 아빠도 신경이 쓰였나 보다.

"여보세요."

"응, 그래. 기분이 어떻노?"

아빠는 어색한 듯 물었다. 나는 일부러 씩씩하게 괜찮다고 대답했다. 금식을 오래해서 배가 고프다는 말도 아무렇지 않은 듯 이야기했다.

"다 잘될 거야. 아빠가 기도하고 있을게."

10년 전엔 이런 통화도 없었다. 우리 가족이 좋은 쪽으로 많이 변하긴 했구나 하는 생각이 들었다. 어려서 아무것도 몰랐던 남동생도 어느새 훌쩍 커 누나가 수술한다고 전화까지 했다. 많은 표현은 안 해도 그 전화 하나로 많이 신경 쓰고 있다는 게 느껴졌다. 이제는 슬슬 끊을 때가 됐다 싶어 끝인사를 하려는데 아빠는 무슨 할 말이 더 있는 듯 머뭇거렸다. 그리고 나는 깜짝 놀랄 말을 들었다.

"사랑한다 내 딸."

아빠 입에서 사랑한다는 말을 들은 건 이번이 처음이었다. 내 기억으로는 정말 처음이었다. 어떻게 가족끼리 그런 말도 안 하고 살았냐며 놀라도 할 수 없다.

"아빠 나도 사랑해요. 다 끝나고 연락할게요."

나도 어색한 그 말을 꺼내고 말았다. 예전에도 아빠가 변해 보려고 노력한 순간들이 몇 번 있었다. 하지만 그때는 아빠에 대한 원망을 버리기에는 어린 나이였다.

"민지야, 아빠가 너 좋아하는 파인애플 사왔다."

술을 마시고 밤늦게 집에 들어 온 아빠는 컴퓨터 앞에 앉아 있는 내게 까만색 비닐봉투를 건넸다. 당황스러웠고, 어떻게 받아야 할 줄 몰랐다. 그래서 무심한 표정으로 말했다.

"다이어트 중이에요."

그렇게 아빠의 파인애플을 외면했다. 시무룩한 표정을 보였던 아빠가 아직도 기억난다. 아빠도 큰 용기를 냈을 텐데 외면하는 딸의 모습에 그때부터 사랑 표현을 포기해 버린 건 아닐까 하는 생각은 어른이 되어서야 할 수 있었다. 그땐 지금 와서 이런 행동들이 다 무슨 소용이냐며 속으로 소리쳤다.

그런데 이제는 다르다. 나도 머리가 컸고, 나를 위한 행동이 뭔지 알기에 현명한 선택을 했다. 전화를 끊고 거울을 봤다. 쑥스러운 듯 미소 짓고 있었다. 두근댔던 마음이 조금 안정됐다.

"잘하고 나올 수 있어! 다 잘될 거야! 어차피 자고 있으면 의사 선생님이 알아서 다 하실 거야!"

병실로 돌아가는 복도를 걷다가 청소하는 이모와 마주쳤다. 처음 봤을 때부터 이유 없이 친해진 이모에게 다가가 말했다.

"이모, 저 수술하러 가요 이제."

이모는 절룩거리는 다리를 모으고 주먹 쥔 한 손을 들어 올렸다.

"파이팅!"

나는 수술실로 옮겨졌다. 수술실에서는 잔잔한 클래식이 흘러나왔다. 다들 수술실 안에 들어가면 무섭지 않냐고 말하는데 그런 분위기가 아니었다. 오히려 마음이 안정됐다. 여러 사람들이 분주하게 수술 준비를 시작했고, 누군가 산소 마스크 같은 물건을 내 코앞에 갖다 댔다.

"편하게 숨 쉬면 돼요."

한 숨 두 숨 쉬었다. 화학 약품 냄새 같은 이상한 향이 살짝 났다.

'음… 아직 잠 오는 느낌이 안 드는데?'

한 숨을 더 들이마셨다. 그리고… 누군가가 나를 흔들어 깨웠다. 수술은 다 끝이 나 있었다. 아직 마취가 덜 깬 몽롱한 상태로 나는 수술실에서 병실로 옮겨졌다. 병실 침대로 옮겨질 때 덜컹거리는 움직임에 배가 찢어지는 듯 아팠다. 그리고 마취가 거의 다 깨고 정신이 또렷해지자 배가 미친 듯이 아파 왔다. 그때 처음 든 생각은 '이런 일 한 번 더 안 일어나게 진짜 건강하게 살아야지.'였다. 건강에 신경 쓰지 않은 지난날들에 대한 반성이었다. 그것 외에는 아무것도 필요 없었다.

예전엔 수술이 끝나도 이렇게 아픈 기억은 없었는데 이번에는 극심한 고통과 함께 온몸이 경기를 일으키듯 사시나무처럼 떨었다. 떨림을 제어할 수 없을 만큼 몸이 흔들렸고, 엄마는 급히 간호사를 불렀다. 간호사는 달려와서 진통제를 확인했다.

"지금 진통제가 들어가고 있는데… 많이 아파요? 몸이 떨리는 건 추운 곳에 오래 있었기에 그래요."

대답할 기운도 없었다. 아픔을 참느라 이를 꽉 깨물었다. 그 진통제로는 안 되는지 간호사는 진통제 한 팩을 더 가져왔다. 눈물이 주르륵 흘렀다. 누가 이 고통을 좀 어떻게 해줬으면 좋겠다. 아이처럼 소리 내어 엉엉 울었다. 엄마는 그런 내 얼굴을 쓰다듬으며 말했다.

"다 잘 끝났다더라. 잘 견뎠으니까 엄마가 사고 싶은 거 다 사줄게. 샤넬 가방 하나 사 줄까?"

그 상태에서도 예상치 못한 말에 웃음이 났다. 너무 아파하는 모습에 어쩔 줄 몰랐던 엄마가 어떻게든 내 기분을 좋게 해주기 위해서 내뱉은 말이 샤넬이었다. 서러워서 펑펑 울고 싶었던 마음도 이내 참아야 했다. 울면 배에 힘이 들어가서 더 아팠다. 진정하려고 숨을 크게 내쉬다 보니 눈물도 어느새 그쳐 갔다.

처음 수술 예상 시간은 한 시간이었다. 그런데 막상 수술을 시작하니 장기 간의 유착은 당연히 있었고, 이를 떼어내니 안쪽에는 혹 이외에 더 안 좋은 상황이 펼쳐져 있었다. 염증이 자궁 안 그리고 방광까지 퍼져 피가 안 보여야 할 곳에서 검은색 피가 흘러 나왔다.

자궁 내막증까지 가지고 있는 줄도 몰랐다. 수술을 집도한 의사는 이대로 혹만 떼고 배를 닫으면 또 수술을 해야 할 거라 생각하고 비뇨기과 의사를 급하게 호출했다. 비뇨기과 의사가 나의 방광을 고치고 있는 사이, 산부인과 의사는 초조하게 기다리고 있는 엄마에게 전체 상황을 상세히 알려 줬다. 그렇게 네 시간에 걸친 수술은 성공적으로 끝났다. 간호사는 아파하는 나를 보며 "긴 시간 잘 버텼어요."라고 했다. 그 말에 나는 스스로가 왜 그렇게 기특했을까. 잠자고 있다고 해서 정신이 없는 건 아닐 수도 있겠다는 생각을 했다. 나의 건강하고 의지력 있는 무의식이 끝까지 잘 버틸 수 있게 나를 도와주고 있지 않았을까.

추운 수술실에 너무 오래 있었던 탓인지 오한은 멈출 줄 몰랐다. 이불을 서너 겹 덮어도 가라앉을 기미가 안 보이자 엄마는 수액봉투를 따뜻하게 데워 와서 차가운 내 발에 갖다 댔다. 그러자 따뜻한 기운이 몸을 타고 쭉 올라왔다. 그렇게 몇 십 분 간 수액봉투로 몸을 데우니 내 몸은 그제야 안정이 됐다. 어떻게든 기다리지 않고 바로 해결해 보려는 엄마의 관심이 더 고마웠다. 진통제도 잘 들어가 점점 통증도 줄어들었다. 이제야 모든 상황이 진정됐다. 그렇게 한숨 돌리고 있는데 비뇨기과 의사가 찾아왔다.

"염증이 너무 깊어서 방광 일부를 절제했어요. 이번에 수술 안 했으면 아마 더 심각해져서 소변을 볼 때 피가 나왔을 거예요. 다행히 잘 끝났고, 소변줄은 2주 간 착용하고 있다가 방광이 잘 아물었는지 검사하고 빼도록 할게요."

소변줄이 느껴졌다. 내 몸 안에서는 피가 아직 안 멈췄는지 소변과 섞여서 나오는 피가 눈에도 보였다. 다 잘 끝났다는 의사의 말에 안심이 됐다. 이제 회복만 잘하면 된다.

어느덧 밤 12시가 됐고, 전신마취로 인해 푹 자고 나온 나는 잠이 안 들었다. 엄마는 뒤척이며 내가 괜찮은지, 혹시나 열은 안 나는지 계속 확인했다. 다행히 팔을 들 힘은 있어 유튜브를 켰다. 수술하기 전 예약으로 올려놓은 내 영상에 수많은 댓글들이 달려 있었다.

'이제껏 영상을 통해서 많은 도움을 받았으니 이제는 제가 힘을 줄 차례네요. 잘될 거예요!'

많은 사람들의 응원에 감동했다. 3년 동안 유튜브를 운영하면서 힘든 적도 있었고, 스트레스를 받기도 했었다. 이제 그만둬야 하나 갈등하기도 했지만 꿋꿋이 지켰다. 그리고 오늘, 내 채널을 지켜 오길 참 잘했다는 뿌듯함이 들었고, 사람들의 응원글에 '나 그래도 잘 살았구나' 하고 생각했다.

그렇게 댓글을 읽고 또 읽으며 밤을 새웠다. 간호사는 몇 시간마다 한 번씩 와서 아픈 데는 없는지, 피는 잘 배출되고 있는지, 소변은 잘 나오는지 전반적인 상태를 점검했다. 아무리 일이라도 아프지 않도록 애써 주는 모습이 너무 고마웠다.

먼저 회복한 딸을 위해 급히 빵을 사 왔던 아주머니는 나를 들여다보며 말했다.

"아까 우는데 내 가슴이 너무 아프더라고요. 잘 버텼어요."

그렇게 많은 사람들의 염원 덕분에 수술이 잘 끝난 것이 아닐까 생각했다. 이런 말이 있다. 한 사람의 기도보다는 여러 사람의 기도가 모이면 더 큰 우주의 흐름을 만든다고.

다음 날, 수술 부위가 아물기도 전에 나는 바로 일어서야 했다.

난
병원 체질인가 봐

⌣

"무조건 많이 걸으세요. 다른 환자보다 더 많이 걸어야 해요."

방귀를 뀌어야 했다. 그래야 퇴원할 수 있었다. 밤새 조금도 움직이지 않았던 몸을 일으키려고 하니 그것조차 힘들었다.

'이 상태로 바로 걷는 게 가능하다고?'

한 발 두 발 침대 아래로 내렸다. 엄마의 부축으로 엉거주춤 일어나질질 발을 끌며 복도로 나갔다. 나의 의심이 무색하게 걷는 게 가능했다. 한 걸음 내딛는 데 5초가 걸렸고, 그럴 때마다 수술한 부위가 욱신거리며 아팠지만 그래도 걸음을 멈추지 않았다. 병원 복도를 한 바퀴돌고 병실에 앉아 잠시 숨을 골랐다. 평소 걸음이라면 걸은 것도 아닌거리가 마라톤을 완주한 듯 힘들었다.

수술을 해준 의사 선생님이 아침 회진을 오셨다.

"몸은 어때요? 괜찮아요? 수술은 잘 끝났고, 난소도 최대한 예쁘게살려 놨어요. 혹시 평소에 소변 눌 때 엄청 아프지 않았어요?"

미치도록 아팠다. 소리를 질렀다. 한약도 먹어 보고, 일반 비뇨기과에 가 보기도 했지만 이유를 모르겠다는 말뿐 항생제만 처방해 줬다. 상태는 호전되지 않았고 뭐가 문제인 줄도 몰랐다.

"사실 혹보다 자궁내막증이 더 큰 문제였어요."

의사는 수술이 힘들었는지 숨을 크게 쉬면서 인간적인 모습을 보였다.

"난 최선을 다했어요. 난소가 기능을 제대로 할지는 운에 맡깁시다."

사람이 할 수 있는 영역은 끝났다. 이제는 나의 의지력과 하늘에 맡겨야 한다.

점심엔 드디어 죽이 나왔다. 이틀 간의 금식 후 먹는 음식이라 기대가 됐다. 반찬도 다섯 가지에 좋아하는 미역국까지 너무 신이 났다. 위가 놀라지 않게 죽을 조금씩 떠서 반찬과 함께 입에 넣었다. 씹는 행위가 너무 좋았다. 그런데 한 숟갈 두 숟갈 떠서 먹는데 벌써 지친다. 죽은 그대로 남아 있는데 배는 이미 찼다. 더 먹기가 힘들어 새것처럼 남은 죽을 그대로 밀어냈다.

그리고 나는 체했다. 명치에서 음식이 하나도 내려가지 않았다. 허리를 펼 때마다 누가 명치를 꾹 누르는 듯 아팠고, 속이 답답했다. 이 답답함을 간호사에게 토로했다.

"수술할 때 이산화탄소 가스를 넣어서 그럴 거예요. 가스가 빠지도록 많이 걷는 수밖에 없어요."

저녁 시간까지 아픔은 여전했다. 배가 고프기보다 아팠고, 소화제만 한 알 먹은 채 비몽사몽 복도를 걷고 또 걸었다. 그 모습을 본 친구는 내게 '죽어 가는 병아리 같다'고 말했다. 다음 날도 상태는 마찬가지였다. 아직 내 장기들이 잠에서 깨어나지 않았는지 음식을 못 받아들이는 듯했다. 물만 주야장천 마셨고, 공복인 상태로 하루 종일 걸었다. 걸으면 신진대사가 원활해지지 않을까 하는 기대를 가졌다.

그 모습이 안타까웠는지 엄마는 채소 주스를 한 통 사왔다.

"음식 못 삼키겠다고 아무것도 안 먹으면 회복이 안 돼. 영양가 있는 주스라도 먹자."

달달하고 시원한 주스가 목으로 넘어가니 살맛이 났다. 그제서야 정신이 좀 들었다. 엄마는 아주 얇게 저민 감자를 국에 적셔서 조금씩 떠먹여 줬다. 여전히 소화는 더뎠고, 명치는 점점 더 아팠다. 그래도 어제보다는 조금 나은 듯했다.

조금 먹고 또 걷겠다고 복도를 돌아다녔다. 허리도 못 편 채로 엉거주춤하며 힘겹게 걷는데 1미터 앞 작은 창문으로 햇빛이 들어오는 게 보였다. 나는 무의식적으로 그 앞으로 걸어가 햇빛이 내려앉은 바닥에 섰다. 따뜻한 기운이 느껴졌다. 마치 누군가 날 안아주는 것처럼.

'얼마 만에 보는 햇빛이래.'

그렇게 한참을 서 있었다. 그리고 다음 날, 밥을 먹기 시작했다. 수술한 지 나흘째 되는 날 새벽 4시에 드디어 방귀가 나왔다. 엄마는 박수를 치며 기뻐했다. 마치 아기가 된 것 같았다. 방귀에 박수를 받을 나이는 아니지만 드디어 웃음이 났다.

햇빛이 몸에 필요한 영양소들을 만들어 낸 것이다. 햇빛이 잘 드는 병실에 있는 환자가 그렇지 않은 환자보다 회복이 더 빠르다는 연구 결과가 있다. 어쩌면 내 몸이 살기 위해 자연스럽게 햇빛 앞으로 가고 싶어 했던 건 아닐까.

무턱대고 헤매기

늘 시간에 쫓기며 지름길을 찾아 두리번거리는 우리. 잠시 긴장의 끈을 놓고 느슨하게 마음껏 헤매 보세요. 오랜 시간 헤매다 마주한 출구에서 느끼는 성취감은 복잡한 당신의 마음에 잠시나마 생기를 불어넣어 줄 거예요.

여기에서는 무언가 대단한 걸 이루지 않아도 된다. 사람이 해야 하는 기본적인 것만 해도 사람들이 칭찬해 준다. 먹는 것, 싸는 것, 걷는 것 등 누구나 할 수 있는 것들을 못 하는 사람들이 이곳에 있게 때문에 작은 걸 해도 스스로를 대단하게 여긴다. 여기 며칠만 있으면 그 누구라도 자존감이 높아질 것이다.

이제 어느 정도 나았는지 옆으로 눕는 게 가능했다. 허리를 펴고 걸을 수도 있고, 첫날보다 걷는 속도도 더 빨라졌다. 매일 자고 일어날 때마다 조금씩 회복하는 내 몸에 신기함을 느꼈고, 감탄했다.

평소에는 당연시했던 것들을 한 번 잃고 나면 작은 것 하나에도 감사함을 느낀다. 혹자는 말했다. 사람은 걸을 수 있다는 것만으로도 행복이라는 걸 알아야 한다고.

'이제는 내 힘으로 소변을 보고 싶은걸?'

소변줄이 알아서 조절해 줘서 화장실에 갈 일이 없었다. 아직은 더 기다려야 했다. 그래도 이렇게 몸이 조금씩 동작한다는 사실에 큰 행복을 느꼈다. 먹고 자고 싸고 걷는 게 하루 일과이지만 그 하루가 순식간에 지나갔다. 며칠 간의 강제휴식이긴 했지만 그날 밤 나는 진통제에 취했는지 뭔지 모르지만 세상에서 그렇게 행복한 순간이 없었다. 간호사들도 친절했고, 의사도 나를 위해 최선을 다했다. 수술 내내 내 곁을 지킨 엄마와 며칠 동안 나를 간호하고, 먹여주고, 열이 오를 때는 몸을 닦아 준 친구가 있어서 행복했다. 내가 힘들 때 온몸을 맡길 수 있는 사람들이 있다는 사실에 안정감을 느꼈다. 이런 기분은 연세대 대학원에 합격했을 때와는 다른 행복이었다.

'이런 게 정말 행복이라는 거구나!'

한국은 OECD 국가 중 자살률 1위라는 타이틀을 갖고 있다. 우울증이 큰 원인이다. 이상구 박사님은 우울증에 대해 이렇게 이야기했다.

"대한민국의 젊은이들이 사랑을 못 받고 있어요. 치열한 경쟁 속에서 말이죠. 그래서 우울증에 걸리는 겁니다. 아무도 자신을 사랑하지 않는다는 믿음 때문에."

내 편이 없다는 생각이 들 때 우리는 우울해진다. 그럴 때 우리는 어떻게 해야 할까. 실제로 내 주위에 아무도 나를 챙겨 주는 사람이 없다고 하더라도, 눈에 보이진 않지만 나를 응원해 주는 존재가 우주에 하나쯤은 있다고 생각하는 순간 우울증이 나았다는 사람도 많았다. 우울증은 약으로 치유되는 게 아니다. 따뜻한 감정을 느끼고 속에 있는 눈물들을 토해낼 때 낫는 병이다.

산책을 마치고 쉬느라 잠시 가만히 앉아 있는데도 웃음이 나왔다. 이 병원에 있는 동안 나는 좋은 사람들로부터 보호받는 느낌이었고, 안전함을 느꼈다. 사랑받는다는 것 그리고 심리적으로 안정적이라는 느낌을 처음으로 느꼈다.

그러자 내 몸은 모든 걸 한 템포 느리게 했다. 사회생활에서는 빠릿빠릿해야 한다는 말에 모든 것들을 서둘러 하는 게 습관이 되어 있었다. 그런데 병원에서는 양치도 천천히 세월아 네월아 했다. 걷는 것도 천천히 숨 쉬는 것도 복식호흡을 하며 천천히 깊게 쉬었다.

'지금처럼 조금 느리게 살자. 이제껏 너무 바쁘게 달렸어.'

인생은 계획대로
되지 않는다

⌣

"1주일 뒤에 다시 방광 검사한 다음에 뺄게요."

입원한 지 닷새째가 되는 날 퇴원했다. 소변줄을 단 채 병원을 나왔다. 다행히 긴 치마를 가져와 잘 가렸지만 걷는 것도 이상했고, 혹시나 사람들이 쳐다볼까 봐 조마조마했다. 들키면 정말 중환자 같아 보일까 봐 필사적으로 가렸다.

퇴원하고 집에 와서 알았다. 원래 난청이었던 오른쪽 귀는 더 잘 안 들렸고, 나머지 왼쪽 귀도 먹먹하다는 걸. 어수선한 병원에 있을 때는 잘 느끼지 못했는데 조용한 집에서는 그 느낌이 더 또렷했다. 아마 전신마취 후유증인 듯하다. 몸이 급격히 쇠약해져서 그런 것 아닐까 정도의 짐작만 했다.

'시간이 지나면 다시 돌아오겠지?'

긍정적인 마음으로 기다리기로 했다. 집에서 유독 잠을 많이 잤다. 30년 간의 피로를 이번 기회에 다 푸는 듯 하루에 열다섯 시간은 잤다. 퇴원했다고 몸이 다 나은 건 아니어서 바로 일을 할 수도 없었고, 오랫동안 의자에 앉아 있는 것도 힘들었다. 잠을 잘 때도 소변이 역류하지 않게 하려고 통이 다 차면 자다가도 일어나서 비워야 했다. 낮에도 환청이 들렸다. 웅웅대는 소리에 환청이 겹쳐져 들릴 때는 사람 말소리처럼 누군가 나에게 속삭이는 것 같기도 했다.

'이러다 나 정말 미친 사람 되는 거 아니야?'

아침에 눈을 뜨면 귀부터 체크했다. 혹시나 귀가 제기능을 하지 않을까 하는 희망으로. 오늘은…?

'위잉'

역시 아니다. 며칠이 지나도 먹먹한 귀는 돌아올 생각이 없는 듯했다. 한숨을 내쉬고 밤새 가득 찬 소변을 비우러 화장실로 갔다. 화장실 거울 속에는 창백하고 힘 없는 여자 한 명이 서 있다. 책상 위에 수북이 쌓여 있는 약봉지와 다리에 감긴 소변통 그리고 계속 새어 나오는 피를 받기 위한 기저귀까지 찬 작고 앙상한 내 다리를 보니 눈물이 흘렀다.

'어쩌다 내가 이렇게 됐지.'

예쁜 옷을 입고 구두를 신고 당당하게 걸어 다니던 몇 년 전의 내가 생각났다. 그때는 내가 이렇게 될 줄 꿈에도 몰랐다. 엉거주춤 변기 위에 잠시 앉았다가 일어서는데 매스꺼운 기운이 올라오면서 뜨거운 열이 머리까지 차기 시작했다. 뭔가 심상치 않은 일이 일어나리란 걸 직감적으로 알았다. 큰 압력이 머리까지 올라오면서 귀에서 삐- 하는 이명소리가 점점 커졌고, 이내 주변소리가 아무것도 들리지 않았다. 그리고 앞이 서서히 안 보이기 시작했다. 화장실에 그냥 있다가는 내가 쓰러져도 아무도 모를 것 같았다. 온 힘을 다해 비틀거리며 화장실을 나왔다.

정신을 차려 보니 방바닥을 짚은 채로 넘어져 있었고, 그 모습을 발견한 아빠가 내 팔을 붙들고 있었다. 3초 정도 정신을 잃은 것 같다. 침대에 쓰러지듯 누웠다.

'방금 뭐였지? 내 몸이 왜 그랬지?'

병명은 미주신경성 실신이었다. 우리 몸 자율신경계의 일시적인 불균형에 의해서 발생하는 거라고 했다. 몇 년 전 이 증세가 몇 번 나타난 적은 있었다. 한동안 괜찮다가 몸에 기력이 없어서 또 그 증세가 나타난 듯하다.

수술 후 몇 번의 뜻하지 않은 힘든 상황들이 찾아오고 나서 느낀 건 이제껏 내 인생을 통제했다고 생각하며 산 지난날들이 어리석었다는 것이다. 생각해 보면 계획한 일이 일어난 적이 몇 번이나 있었던가. 나는 살면서 광고회사에 들어갈 생각도 없었고, 상해에서 살게 될 거라 생각한 적도 없다. 글을 쓸 줄도, 유튜브를 시작할 줄도 몰랐다. 그리고 이런 병에 걸릴 줄도 몰랐다. 한 번도 그런 삶을 생각해 본 적이 없는데 내 인생에는 그런 일들이 일어났다.

인생은 계획대로 되지 않는다. 내가 다스릴 수 있는 건 일어난 일에 대한 나의 태도와 또 다른 선택뿐이었다.

아빠에게 소식을 들은 엄마는 헐레벌떡 방으로 뛰어들어 왔고, 괜찮아진 나를 보며 일단 밥부터 먹자며 거실로 데리고 갔다. 갑자기 멀쩡해진 몸도 신기했다. 아무렇지 않은 듯 밥을 먹고 오랜만에 산책을 갔다. 오전 11시라 아파트 주변을 산책하는 사람들은 대부분 어르신

이건 만지면 안 돼! 거긴 위험해서 안 돼! 우리 인생을 어린 시절처럼 속 편하게 누군가가 알려줄 수 있다면 얼마나 좋을까요? 인생이 이렇게 어려울 줄 누가 알았겠어요.

들이었다. 젊은이들은 일하랴, 학교 가랴 거리에 나와 있을 리가 없다.

어르신들은 긴 치마를 입고 걷는 걸음이 느린 젊은이를 쳐다봤다. 사람들이 없는 곳으로 걸음을 옮겼다. 나무 그늘이 시원한 벤치가 있는 구석진 곳에 서서 하늘을 바라봤다. 나뭇잎들 사이로 하늘이 잠깐잠깐 비추었고, 푸릇한 나뭇잎 사이로 붉은 단풍잎이 하나 둘 보였다. 벌써 가을을 준비하는가 보다. 그렇게 한참을 서 있는데 어디선가 흰 나비가 날아왔다. 나비는 내 쪽으로 날아왔고, 흰 날개를 파닥거리면서 나를 중심으로 한 바퀴 돌더니 저 멀리 날아갔다.

그리고 며칠 뒤, 나도 모르는 사이 한 쪽 귀는 제 기능을 찾았다. 그 기쁨에 눈물이 났다. 너무 다행이다. 혹시나 귀가 안 돌아올까 봐 너무 무서웠다. 한쪽 청력을 잃었을 때 나머지 한쪽 귀로 살면 된다고 스스로를 위로했는데 그 남은 한쪽마저 잃으면 나는 이제 어떻게 살아야 할지 너무 막막했다.

하루가 다르게 몸은 회복됐고, 수술한 곳도 잘 아물었다. 하루 종일 아무것도 안 하고 몸이 회복하는 데만 집중했다. 그런데 한 가지 의문이 들었다. 그렇다면, 내가 이제껏 계획이라 생각하며 성공하고 싶다고 생각한 것들은 욕심일 뿐인 걸까. 나는 욕심을 내며 살면 안 되는 사람인가. 그냥 이렇게 건강만 생각하고 꿈꾸며 열심히 노력하는 삶은 버려야 하는 걸까. 그 생각에 또 혼란스러워졌다.

욕심을
꺼내는 시간

⌣

설악산 뉴스타트 센터에 있을 때 암을 극복한 사람 중 한 분이 성경 구절을 읊었다.

수고하고 무거운 짐 진 자들아 다 내게 오라. 내가 너희를 쉬게 하리라.

나는 내가 진 무거운 짐에 대해 생각했다. 지금 내가 진 무거운 짐은 뭘까. 그걸 또 어떻게 내려놓아야 하는 걸까.

나는 항상 욕심이 앞섰다. 구독자 수가 10만 명은 됐으면 했고, 책도 베스트셀러에 들길 바랐다. 돈도 많이 벌고, 많은 사람들이 나를 좋아했으면 했다. 남들이 말하는 성공, 그걸 바라는 순간 욕심쟁이가 되어 버렸다.

욕심쟁이는 자신의 욕심에서 끝나지 않는다. 나보다 더 잘된 누군가를 질투하고, 내 처지를 비관한다. 나를 힘들게 하면서도 내려놓지 못하는 짐들은 그것이었다. 욕심을 내면 미래를 걱정하게 되고, 질투하면 남을 미워하고 스스로에게 분노한다. 우리가 가진 모든 부정적인 감정들은 결국 나에게 짐이었다. 그런데 한편으로는 그 짐을 내려놓아야 하는 게 너무 싫었다. 그 짐마저 내려놓으면 내가 패배자가 되는 것 같았기 때문이다.

영화 〈미드나잇 인 파리〉의 주인공 길은 소설을 쓰는 작가이다. 여자친구와 프랑스로 여행을 왔다가 1920년대의 프랑스로 시간여행을 떠나게 된다. 그리고 그 시대를 풍미하던 뛰어난 화가, 작가 등 여러 예술가들을 만난다. 그중 존경하던 헤밍웨이를 만나고는 기분이 너무 좋아 자신이 소설을 쓰고 있다고 이야기한다. 그러자 헤밍웨이는 말한다.

"작가들은 경쟁이 심하지."

길은 눈을 동그랗게 뜨고 손사래를 치며 말했다.

"전 선생님과는 경쟁할 생각이 없어요."

그렇다. 나와는 거리가 너무도 먼 상대와는 경쟁할 생각도 없고, 심지어 시기하지도 않는다. 우리가 가장 질투에 눈이 멀 때는 나와 비슷한 누군가가 나보다 먼저 잘되거나 성공한 듯 보일 때다. 나도 누가 누가 질투를 더 많이 하나 경쟁한다면 한 자리 낄 자신 있다.

그때의 질투심은 내 유전자를 다 꺼 버린다. 그래서 열심히 했지만 그만큼의 효과를 보지 못한 나를 채찍질하고, 비난할 때가 다반사다. 그 경계를 넘어서면 스스로를 보호하기 위해 상대를 비약하기에 이른다. 그러면서 다시 정신을 차리고 나를 혼낸다.

'너 왜 이렇게 심보가 못됐니! 다른 사람이 나보다 못 해야 하는 이유라도 있어?'

사실 나보다 더 잘된 사람이 없어야 한다는 마음 자체가 모순이다. 세상에는 다양한 사람이 있고, 다양한 방식이 있듯이 다양한 성공이 존재한다. 그런데 그 모순 앞에서 우리는 스스로 눈을 감고 걷다가 넘어진다.

자기계발서에서는 자신을 브랜딩해야 하며 일관된 주제로 경력을 쌓아야 한다고 하는데 나는 항상 그게 안 됐다. 하고 싶은 게 많은데 경력은 무슨! 일의 주제가 여기저기 널뛰기였다. 돈 벌고 먹고 살려면 경력이든 뭐든 중요하다는데 아무리 그 틀 안에 날 넣어 보려 해도 잘 안 됐다. 내 본성이 그걸 거부했다.

그런데 다른 사람들은 잘만 하는 것 같다. 일관된 주제로 구독자 수를 많이 모은 유튜버가 책을 내니 그냥 베스트셀러가 되었다. 나는 배가 너무 아팠다. 응원해 주지는 못할망정 질투를 하고, 왜 나는 그렇게 안 되는 거냐며 투정을 부렸다.

질투심이 최고점으로 치달을 때는 그 대상을 애써 외면한다. 그게 그 순간 내가 할 수 있는 최선이었다. 빨리 잊어버리니 순간 마음은 편했다. 그런데 가슴 한 켠이 찝찝했다. 이 질투들이 내 마음을 괴롭게 만들었고, 이 감정은 내 몸을 해쳤다.

그러나 수술 후 나는 달라졌다. 진정으로 날 응원해 줬던 소수의 사람들만 있어도 행복했다. 누군가에게 잘 보이기 위한 성공은 이제 무의미하다는 걸 깨달았다. 그리고 남들이 생각하는 성공이 내가 바라는 성공이 아니라는 걸 알았다. 나는 그런 부자가 되는 걸 원하는 사람이 아니었다. 남들의 시선과는 상관없이 내가 좋아하는 일을 하고, 누군가를 도울 수 있는 게 내가 원하는 삶이라는 걸 이젠 받아들일 수 있었다.

다큐멘터리 〈행복원정대〉에 나오는 남자는 기타를 들고 꽃밭에서 춤추는 자신의 애인을 이렇게 소개한다.

"모글리는 오페라를 불러서 고등학교 때 우등생으로 꼽혔지만 대학 학위나 대단한 경력에는 별로 관심이 없었죠."

그렇다. 세상에는 이렇게 자유로운 영혼으로 사는 사람도 있다. 그녀를 보며 생각했다. 나도 경력을 쌓는 데 내 인생의 즐거움과 맞바꾸지 않으리라. 떠나고 싶으면 떠나고 일하고 싶으면 일하고, 두려워하지 않으리라. 실패했다고 죽는 건 아니더라. 또 다른 삶을 살게 되더라.

잘난 맛에 살았던 나 같은 사람들은 이 세상을 살아가는 진정한 의미를 찾지 못한 사람들이다. 그들도 언젠가는 상대적 박탈감을 맛본다. 세상에는 나보다 더 잘난 사람들이 차고 넘치기 때문이다. 남이 명품 가방을 들고 있으면 에코백 들고 있는 나 자신을 보며 유전자가 꺼진다. 나보다 주식으로 돈을 더 많이 번 사람을 보면 배가 아파 유전자가 꺼진다. '저 사람이 돈을 저만큼 벌 동안 나는 뭐했지?' 생각하며 스스로를 바보처럼 느낀다. 이는 진정한 행복이 아니다. 상대적 행복은 결국 우리를 우울하게 만들 뿐이다.

이탈리아에서 온 방송인 알베르토 몬디가 쓴 『이탈리아의 사생활』이라는 책을 보면 그는 한국에 와서 '하버드 대학'을 처음 들어 봤다고 한다. 잘 살기 위해 공부에 인생을 바치고, 엄친아라는 말이 있을

나는 나 너는 너

우리를 스트레스와 우울감에 빠지게 만드는 원인 중 하나가 바로 다른 사람에게 집중해서 스스로를 비교의 울타리에 가두는 것이랍니다. 타인과 나의 삶을 비교하고 저울질하는 행동을 당장 멈추세요. 다른 사람이 아닌 '나의 능력', '나의 삶', '나의 꿈'에 집중한다면 내면 깊숙이 솟는 의욕과 열정을 느낄 수 있을 거예요.

정도로 다른 사람과 비교당하며 살아온 우리들은 남들이 보기에 잘나지 않으면 행복하지 못하다.

우리 모두 욕심을 다 같이 꺼내 보자. 애써 외면했던 나의 마음에 조금씩 생채기를 내는 그 작은 면도칼이 뭔가? 다른 사람이 정해 놓은 성공이 아닌 내가 원하는 삶은 무엇인가? 내가 원하는 삶을 받아들여 보자. 그리고 이제는 그 무거운 짐들을 내려놓자.

어떻게 살아야 할까에
대한 대답

⌣

    수술 후 나에게는 많은 변화가 있었다. 그중 제일 잘한 건 콜라를 끊은 것이다. 아마 올해 한 일 중 가장 잘한 일이라 생각한다. 매일 아침 속이 답답할 때는 시원한 콜라 한 잔이 그렇게 맛있을 수 없다. 과자도 하루에 한 봉지는 거뜬했다. 그런데 아프고 나서 그런 것들에 정이 떨어졌다. 가끔 눈에 보이면 습관처럼 과자 한두 개를 집어 먹다가도 '먹기 싫다'는 마음에 멈춘다. 이제 밥 먹을 때 채소가 없으면 어딘가 허전했고, 채소와 함께 음식을 먹을 때면 그 싱그러움이 너무 좋았다. 드디어 채소 맛을 알게 된 것이다.

    일주일이 지났다. 병원 생활부터 2주 동안 나의 일상에 스며들었던 소변줄을 뽑으러 가는 날이다. 다행히 아빠는 기운을 많이 차렸고, 운전까지 할 수 있게 되어 나를 병원까지 태워다 줬다. 아빠가 보는 앞에서 한 번 쓰러진 이후로 아빠가 나에게 신경을 쓰는 게 보여서 내심 기분이 좋았다.

먼저, 산부인과에 가서 수술 과정을 사진으로 보며 의사 선생님의 설명을 들었다. 상상하는 것과 실제 그 장면을 직접 보는 건 사뭇 달랐다. 내 몸속을 이렇게 보는 건 처음이었다. 사진 속에는 나를 괴롭혔던 거대한 회색 혹덩이가 떡 하니 자리를 차지하고 있었다. 그리고 나의 몸에 염증을 일으킨 거뭇거뭇한 피들이 여기저기서 흘러나왔다. 의사 선생님은 수술 장면들을 끄고 나를 보며 말했다.

"몸은 좀 어때요?"

"점점 정상인처럼 되어 가고 있어요."

의사 선생님은 빵 웃음을 터뜨렸다. 선생님은 많이 좋아진 내 모습을 보고 오히려 자신이 더 기뻐했다.

"햇빛 많이 보고, 운동도 하면서 생활하세요."

그렇게 진찰을 마치고 비뇨기과로 향했다. 대기실에는 대부분 할아버지들뿐이었다. 젊은 여자는 나 혼자였기에 다들 나를 쳐다봤다. 그래도 그런 건 상관없었다. 그냥 오늘 내 방광이 잘 아물었다는 소식을 듣기를 간절히 바랄 뿐이었다.

간단한 시술을 한 뒤 내 방광 사진을 찍었다. 예쁘고 동그란 모양 하나가 배 중간에 보였다.

"잘 아물었네요. 이제 소변줄 뽑고 혼자서도 소변을 잘 눌 수 있는지 검사하고 집에 가면 돼요."

10년 전 수술했을 당시, 소변줄을 바로 뽑고도 소변을 혼자서 누지 못했다. 방광이 꽉 차서 소변을 누고 싶은데 나오지 않아서 고통스러웠다. 누지 못하는 그 괴로움은 아마 겪어 보지 않은 사람들은 이해하지 못할 것이다. 소변을 누는 괄약근이 알아서 조절해야 하는데 마취 이후라 그런지 그 기능이 잠들어 버렸는지 나는 하루 종일 소변이 마려운데 소변을 누지 못하는 이상한 고생을 했다. 너무 서러워서 사람들 앞에서 눈물을 터뜨렸다. 그렇게 몸과 마음이 지친 채로 하루가 꼬박 지나서야 소변을 눌 수 있었다. 그 아찔한 기억이 되살아나 살짝 겁이 났다.

'이번에도 그러면 어떡하지?'

간호사는 '후' 해 보라고 했다. 뭔가 장기 안에서 기생충이 뽑아져 나오는 기분 나쁜 느낌과 함께 3초에 걸쳐 소변줄이 뽑혔다. 나는 이제야 자유의 몸이 되었다. 소변줄을 안 차고 있는 것만 해도 얼마나 몸이 홀가분한지 폴짝폴짝 뛰었다.

'그냥 걸을 수 있다는 게 이렇게 행복한 거였어?'

정수기 옆에 자리를 잡고 물을 벌컥벌컥 마셨다. 한 시간쯤 지나자 신호가 왔다. 화장실로 달려갔다. 그리고 나는 행복한 미소를 지으며 화장실을 당당히 걸어 나왔다.

"엄마! 나 눴어!"

여자로서 소변 이야기를 하는 건 부끄럽다. 민망하고 예민한 부분이기 때문에 더욱 감추고 싶었다. 그런데 이건 부끄러움의 문제가 아니라 생사의 문제와 마찬가지였다. 이때 안 나오면 다시 소변줄을 꽂아야 하는 고생을 되풀이해야 하기 때문이다. 이제 고생은 다 끝났다며 엄마와 손뼉을 치며 기뻐했다. 제대로 기능을 해주는 내 장기들과 몸의 곳곳 기관들에게 너무 고마웠다. 배를 어루만지면서 말했다.

"얘들아, 고생했다!"

하루 종일 대학병원 안에서 이 과 저 과를 돌아다니다 보니 기운이 다했다. 얼른 집에 가기 위해 엘리베이터를 탔다. 그리고 살짝 고개를 드는데 벽에 붙은 글귀가 보였다. 무심코 읽은 첫 줄이 나를 사로잡았다.

당신이 태어날 때 온 우주가 총동원되어
당신의 별자리를 만들었던 것처럼
당신이 정말 간절히 무엇을 원하면
온 우주가 그 원하는 바를 응원하고
그 꿈을 이루기 위해 바삐 움직이기 시작합니다.
미세한 바람 한 점
우연한 만남
잘못된 약속조차도
당신의 꿈을 위해 달려가고 있답니다.
그러니 당신 어서 힘내요.
-월간 〈사과나무〉 표지의 글-

이 글을 다 읽자 1층에 도착했다. 문이 열리고 사람들이 들어오는 틈을 비집고 밖으로 나갔다.

수술 후 나는 여러 의문에 대한 답을 찾고 있었다. 욕심을 내지 않고 어떻게 자기계발을 하며 살아야 할지에 대한 혼란이 생겼다. 일을 하면 스트레스를 받게 마련인데 그 일들을 다 접어야 하는지, 이제는 큰일을 이루겠다는 생각을 하면 안 되는 건지 머리가 복잡했다.

그런데 신은 내게 그 답을 글로 주었다. 리즈가 새로운 사람과 사랑을 하면서 삶의 더 큰 균형을 찾아갔듯이, 나는 이제껏 내가 가졌던 의문을 한 번에 풀 수 있게 되었다. 신은 나에게 욕심 내기를 멈추게 한 거지 꿈을 꾸지 말라고 한 건 아니었다. 잘못된 약속조차도 꿈을 향한 여정인 것처럼, 나의 병도 내가 꾸는 꿈을 이루기 위한 여정 중 하나다. 중간에 멈춘 게 아니라 이 또한 의미 있는 시간을 보낸 것이다.

큰일을 이루겠다는 생각 말고, 그냥 내가 좋아하는 일을 해 나가는 데 의미를 둬야 한다. 그래야 무언가를 이뤄야 한다는 결과 중심의 스트레스 없이 어떤 일이 일어나도 그 과정을 즐길 수 있는 것이다. 이를 깨닫는 데 너무 많이 돌고 돌았다.

나는 어른이 되어 이렇게 아팠던 지난 몇 달 간의 경험이 감사하다. 누군가 '아프기 전으로 돌아갈래?'라고 물으면 한사코 거절할 것이다. 몇 달 동안 너무 많은 걸 깨달았고, 그 깨달음 덕에 나는 사랑을 알게 되었고, 행복을 알게 되었다. 내가 아프지 않았다면, 나는 아직도 하찮은 것에 스트레스를 받고, 부모님의 사랑도 오해하고 나 자신을 괴롭히면서 그 주체가 나인지도 모른 채 인생을 푸념하며 살았을 것이다. 이제는 마음이 따뜻하다는 게 뭔지 알았고, 그 마음을 유지하고 싶다. 사람들에게도 따뜻하다는 게 뭔지 알려 주고 싶다.

인생을 살다 고통이 찾아와도 '왜 하필 나에게 이런 일이 일어날까?'라고 스트레스 받을 필요 없다. 나는 내 고통을 마주하고 인생이란 진정 무엇인지 찾기 시작했고, 그 과정에서 뜻하지 않게 신을 만났다. 나는 내 고통을 축복이라 말하고 싶다.

병원 밖을 나오니 적당한 바람이 불었다. 사람들은 여전히 바삐 길을 걷고 있었고, 휴대폰에 집중한 채 미간을 찡그리고 있었다. 그러나 같은 공간에 있지만 나의 세상은 그들의 세상과 다른 느낌이었다. 지금은 하늘을 보기 참 좋은 날씨라는 걸 저 사람들은 알까?

'세상이 이렇게 아름다운 적이 있었나.'

내 유전자는 불이 반짝였고, 모든 것이 치유되기 시작했다.

언제나 힌트는 있으니까 :)

아침에 일어나면 서둘러 일하지 않는다. 창문을 열어 상쾌한 아침 공기와 이슬에 젖은 풀냄새를 마시며 그 순간을 만끽한다.

'행복한 아침이다!'

예전엔 일어나자마자 일에 몰두했다. 1분 1초를 아끼려 했고, 무언가 이것저것 느끼는 시간은 게으름이라고 생각했다. 그런데 그렇게 아끼고 아낀 무수한 시간들이 지금은 어디에 있나. 나는 일한 기억밖에 남지 않은 얼음 같은 심장을 가진 사람일 뿐이었다.

오늘은 고등학교에서 아이들에게 작가라는 직업에 대한 강의를 하는 날이다. 오랜만에 찾은 학교는 어느 곳보다 활기가 넘쳤고, 체육복을 입고 있는 아이들은 싱그러웠다. 그 모습에 나도 생기가 돌고 더 젊어지는 듯 힘이 났다.

어수선한 복도를 지나 1학년 8반 교실로 들어갔다. 아이들은 새로 보는 젊은 작가라는 사람을 신기하게 쳐다봤다. 나는 교실을 둘러봤다. 칠판 앞에는 분필가루도 없었고, 책상 밑의 큰 모니터 화면 대신 책상 위에 노트북이 놓여 있었다. 노트북과 연결된 TV 화면에 있는 잘생긴 아이돌 사진이 나를 반겼다. 기기들이 아무리 좋아져도 배경 화면의 아이돌 사진은 어느 세대나 똑같았다.

꼭 나의 고등학생 시절을 보는 것 같았다. 나도 동방신기 사진을 그렇게 깔아 놓곤 했었다. 눈을 반짝거리며 쳐다보는 아이들을 향해 인사를 했다.

"공부하기 싫죠?"

학생들은 "네!"라고 소리를 질렀다. 어른도 하기 싫은데 학생들은 얼마나 놀고 싶을까. 그래서 그런지 아이들은 연예인 이야기, 연애 이야기가 나올 때면 눈이 반짝반짝했고, 질문도 많아졌다. 그런데 글 이야기를 할 때면 갑자기 시들어 버린 꽃처럼 책상에 엎드렸다. 이 아이들에게는 작가가 중요한 게 아니었다. 나는 그 모습을 보며 그저 이 두 시간이 재밌고, 새로운 경험들로 채워졌으면 했다.

끝나기 전, 소책자를 기획하는 활동을 했다. 어려워할 수도 있다는 생각을 하기도 했지만, 아이들은 자신들의 가상의 책에 대한 목차를 곧잘 적어 나갔다. 그리고 발표한 두 아이에게 내 책을 선물로 주고, 반 전체 아이들에게는 내가 만든 예쁜 메모지를 나눠 줬다. 선물을 받은 아이들은 들떠서 메모지 종류를 골랐다. 쉬는 시간 종이 치자 아이들은 각자의 반으로 돌아가면서 말했다.

"쌤, 오늘 너무 재밌었어요!"

그거 하나로 만족했다. 그렇게 한 번 연결이 되니 학교행사로 유튜브 진로체험이나 작가 강의가 있을 때면 나에게 연락이 왔다. 그리고 그날 밤, 유튜브를 가르쳤던 학원의 부원장님에게 전화가 왔다.

"민지 쌤, 특강 한 번 하실래요?"

인생이란 게 참 신기하다. 모든 걸 놓기로 생각한 순간, 다시 뭔가가 시작된다. 기대하지 않았던 일들이 일어나기도 한다. 학원을 그만두고 생계 걱정을 하며 떠났던 몇 달 전의 내 모습이 무색하게 여러 일들이 들어왔다.

그리고 어느 날, 마법은 시작됐다. 난소의 기능이 제대로 작동할지는 운에 맡겨 보자는 의사의 말에 나는 기대를 하지 않고 있었다. 설사 폐경이 올지라도 괜찮다고 생각했다. 이렇게 살아서 하고 싶은 일을 하면서 지낼 수 있다는 것에 큰 기쁨을 느끼고 있으니 행복하게 지내면 된다고 생각했다.

그런데 그 시간을 잘 버텨 온 내게 신은 선물을 줬다. 심지어 이젠 생리통도 없었다. 화장실에 갈 때 아프지도 않았다. 이런 일이 실제로 일어났다는 사실이 신기하기도 하고, 얼떨떨했다. 화장실에 갈 때마다 즐거웠고, 먹고, 자고, 싸는 모든 행위를 정상적으로 할 수 있음에 너무 감사했다. 화장실에 갔다 나오면 콧노래가 절로 나온다.

그리고 이제는 내가 성공하는 것에 무게를 두지 않는다. 큰돈을 못 벌고 있다는 것에 자책하지 않는다. 돈은 언제든 벌리고, 적은 돈으로도 얼마든지 행복하게 살 수 있다는 걸 몸소 체험했다. 돈 걱정을 하는 대신 매일 밤 침대에 앉아 오늘 하루 행복하기 위한 노력을 했는가 하고 질문을 던지는 게 다이다.

신은 인생의 과정에서 우리에게 끊임없이 힌트를 준다. 그러나 우리는 그 힌트를 무시한다. 그 결과 스트레스를 받고 엉뚱한 상상을 하

며 자신을 망치기도 한다. 그러나 신은 언제나 다시 돌아갈 수 있는 힌
트도 준다. 그러니 어떤 일이 일어나더라도 언제나 희망을 기대하자.

우주는, 신은 우리가 행복하길 바라며 온 힘을 쏟고 있으니까.

에필로그

나는 불과 토양을 가진 사람을 만났을까

나는 지난 1년 동안 많은 사람을 만났고, 수술이라는 큰일도 치렀다. 그리고 내 삶의 고통을 다스리면서 알게 된 건 희망과 두려움은 한 장 차이라는 것이다. 그 둘은 항상 붙어 있지만 우리가 두려움의 '면'만 보면 이 세상은 온통 두려움투성이다. 그런데 그 면을 뒤집으면 반대로 희망이 보인다. 그 면을 들춰 볼 생각이 드는 건 누군가의 안내로 가능하고, 그 면을 실제로 뒤집는 행위는 본인의 선택이다.

그 과정에서 우리는 많은 사람들을 만난다. 그들 중 어떤 사람이 나의 안내자가 될지는 아무도 모른다.

〈먹고 기도하고 사랑하라〉의 리즈는 결국 마지막에 사랑하는 사람을 받아들이고 세상의 더 큰 균형을 찾아 가면서 '진실탐구 법칙'을 깨닫는다.

"다 버리고 떠날 용기만 있다면, 안락함도 집착도 뒤로한 채 몸과 마음이 원하는 진실을 찾아 나선다면, 그 여행의 매 순간마다 새로운 걸 배우고 어깨를 부딪친 모두가 삶의 스승임을 안다면, 힘들겠지만 아픔도 외면하지 않고 마주할 수 있다면, 진실은 당신을 비켜 갈 수 없다."

지금 내 인생을 긴 여정의 일부라고 생각할 때, 나는 중반쯤 와 있을까? 그 여행에서 싫은 경험을 할 수도, 싫은 사람을 만날 수도 있다. 그러나 내가 간절히 바란다면, 그 경험이 나를 올바른 길로 이끌어 주기도 한다는 진실을 결코 잊지 않을 것이다.

내가 만난 사람이 불과 토양을 가졌든 아니든 이제는 상관없다. 모든 사람이 내 삶의 스승이었다. 내가 미워했던 사람도 나를 변하게 만들어 준 사람이었고, 내가 먼저 다가가면 그들은 나에게 좋은 이야기들을 해주었다.

나를 구속했던 모든 것을 벗어 버리는 순간 나는 진정 자유로울 수 있었다. 그리고 그 후 내 주변에는 따뜻한 사람들만 모였다.

아무도 도와주는 이가 없어 혼자의 힘으로 역경들을 물리쳤다고 생각한 엄마는 이제서야 자신만의 든든한 백이 있다고 했다.

"엄마에겐 신이 최고의 백이야! 그래서 걱정 안 해."

현자는 말했다. "네 자신을 알라!"고. 내 자신을 알지 못한다는 것도 모르면서 사람들은 각자 인생의 목표를 정한다. 그리고 '삶이 내 뜻대로 되지 않을 때' 열등감을 느끼고 우울증에 걸리고 극단적인 선택을 한다. 놀랍게도 인생의 승리는, 나의 뜻대로 세운 삶이 뜻대로 되지 않을 때 쟁취할 수 있다. 삶이 자기의 뜻대로 이루어져 가고 있다고 만족하는 자들은 그들 앞에 무서운 함정이 있다는 사실을 알지 못하고 춤추며 달려가는 장님과도 같다. 그러나, '아! 나는 장님이었구나!'를 발견하는 순간, 승리는 내 것이 된다. 저자는 마침내 눈을 뜨게 되었다! 어떻게? 이 책이 많은 젊은이들의 눈을 뜨게 할 것이라고 확신한다. 많은 젊은이들이 이 책을 읽고 우울증, 자가면역증, 괴로움 등의 고통에서 벗어나 희망찬 삶을 살았으면 한다.

_ 뉴스타트 센터 이상구 박사

신은 적당한 타이밍에 신호를 보낸다.
내가 놓치고 있는 것은 없는지 다시 돌아볼 기회.
삶의 기로에 선 작가의 시선으로 담담히 그려낸 선물 같은 이야기.
보는 내내 작가의 경험과 생각에 동화되어 울고 웃는 동안 나를 다시 한 번 돌아보게 되는….
그래서 한순간도 놓칠 수 없었던 이야기.

_ 유튜버 댈님

난 그저 잘 살고 싶었을 뿐인데

초판 1쇄 발행 2021년 10월 15일

글·그림 추민지
펴낸이 추미경

책임편집 김선숙 / **디자인** 정혜욱 / **마케팅** 신용천

펴낸곳 베프북스 / **주소** 경기도 고양시 덕양구 은빛로 45, 4층 406-1호(화정동)
전화 031-968-9556 / **팩스** 031-968-9557
출판등록 제2014-000296호

ISBN 979-11-90546-13-3 (13320)

전자우편 befbooks15@naver.com / **블로그** http://blog.naver.com/befbooks75
페이스북 https://www.facebook.com/bestfriendbooks75
인스타그램 https://www.instagram.com/befbooks